T0268396

99 nombres de Dios

David Steindl-Rast

99 nombres de Dios
Meditaciones

Caligrafías de Shams Anwari-Alhosseyni

Traducción de
Alejandro del Río Herrmann

Herder

Título original: 99 Namen Gottes
Traducción: Alejandro del Río Herrmann
Diseño de la cubierta: Ferran Fernández

ISBN: 978-84-254-4505-7

Imprenta: Arlequin
Depósito legal: B-15942-2021
Printed in Spain - Impreso en España

Herder
www.herdereditorial.com

La palabra *Dios*...

... proviene del descubrimiento más cargado de consecuencias de la historia humana: es un artefacto prehistórico, aún hoy incandescente por el fuego en el que fue forjado en la fragua de la experiencia mística. Lo que ahí alumbró las mentes de nuestros antiquísimos antepasados, en el umbral de la humanización, fue la inteligencia de que estamos en una relación personal con el insondable misterio de la vida —del todo, de la realidad—, la evidencia de que podemos invocarlo porque él nos convoca. El significado del «vocar» caracteriza la raíz lingüística de la palabra *Dios*. No es un nombre, sino que señala nuestra relación con lo carente de nombre; no es la designación de un ser cualquiera, sino que señala el origen, el originario brotar de todos los entes del no-ser al ser. Es, así, una palabra cuya inmensa tarea estriba en señalar el misterio.

«Misterio», en este sentido absoluto, no es un concepto vago, sino que significa aquella realidad profundísima que jamás podremos captar pero sí comprender si nos dejamos capturar y cautivar por ella. Todos sabemos la diferencia entre captar y comprender gracias a nuestra experiencia de la música: no es posible captar conceptualmente su esencia, ni aprehenderla intelectualmente, pero, no obstante, podemos comprenderla en el instante mismo en el que la música nos cautiva. Ser cautivado permite una comprensión, una inmersión, que va mucho más allá de aquel captar que aborda las cosas desde fuera. La vivencia que así hacemos de la música es trasladable al misterio. Precisamente, cuando somos cautivados por la música, a menudo puede cautivarnos el Gran Misterio; pero también cuando tenemos cualquier otra experiencia cautivadora; pues el Gran Misterio es fondo y hondura primigenia de todo lo que experimentamos.

Cuando somos cautivados nos quedamos sin palabras. Bajo la alta bóveda del cielo estrellado, enmudecemos. La naturaleza libre, en toda su magnitud, se nos aparece como algo grandioso. Otra cosa es cuando la vemos a través de la ventana. Se nos aparece entonces familiar y abarcable. A través de los nombres de Dios contemplamos el misterio imponente como a través de ventanas; nos dejaría sin palabras si no. La capacidad de concepción humana determina la forma de estas ventanas y limita su tamaño. Ninguna de ellas puede mostrarlo todo, ninguna muestra exactamente la misma imagen. Ya solo por eso es algo incitante conocer los nombres de Dios de otras tradiciones religiosas. Hoy se añade aún otra razón de peso: con demasiada frecuencia se enfrenta una visión parcial a otra, un nombre al otro... hasta el mutuo derramamiento de sangre.

Para los cristianos podría ser de gran importancia el encuentro lleno de veneración con los nombres de Dios en el islam. Ya el solo hecho de ocuparse de ellos puede significar una disposición al entendimiento. ¿Y qué podría ser hoy más necesario que la disposición al entendimiento? La supervivencia de todos nosotros podría depender de ello.

Siento un inmenso agradecimiento por este libro, ahora que lo tengo en mis manos. Mi amigo Shams Anwari-Alhosseyni, con sus magistrales caligrafías, ha hecho de él un libro más valioso de lo que yo podía imaginar. Quien siga mis meditaciones con el corazón y con el intelecto ahora puede también contemplar con sus ojos el mensaje callado de los signos gráficos. Este volumen ha devenido así, en un doble sentido, un libro de meditación. La alegría de la contemplación contribuye en no escasa medida al diseño atractivo de este libro. Doy por ello las gracias a todos los colaboradores de la editorial Tirolya, en especial al diseñador gráfico, Martin Caldonazzi, como también a mi editor y amigo, Klaus Gasperi, a quien, aparte de sus útiles consejos sobre el texto, debemos también el grafismo que ilustra cada una de las páginas. Agradezco asimismo sus valiosas indicaciones a Maria M. Jaoudi-Smith, Brigitte Kwizda-Gredler, Reinhard Nesper junto con Heidimaria Stauber, Hortense Reintjens-Anwari y Alberto Rizzo junto con Lizzie Testa. El consejo y el ánimo de estos fieles amigos me han servido de apoyo constante en mi trabajo a lo largo de una década.

Este libro de meditaciones está dedicado a aquellas personas, sean cuales fueren sus convicciones religiosas, que se atreven a penetrar, a través de las puertas de los distintos nombres de Dios, en el misterio único sin nombre que nos une.

Hermano David Steindl-Rast, OSB
Hacienda La Güelta de Areco, en Azcuénaga,
La Pampa, Argentina

1

Ar-Raḥmān

El Compasivo

«Todo es gracia», dice Agustín: todo nos ha sido obsequiado. De esta comprensión brota una fuente de gozosa gratitud y de agradecido gozo. Pero tener realmente la evidencia de que todo, de que verdaderamente todo lo que hay es obsequio, presupone que reconozcamos con gozo que por nuestras propias fuerzas no tenemos nada. Como la tierra en barbecho que ha de esperar a ser arada, rastrillada y sembrada, como un campo que está enteramente a expensas de la lluvia y de la luz del sol, así estoy yo, desde que nací, encomendado a otros y dependo de circunstancias de vida que no controlo en absoluto. Es más, el hecho mismo de que yo exista es un puro obsequio. Puede convertirse para mí en una fuente inagotable de alegrías siempre que, una y otra vez, haga por recordarlo. Por eso nos conmina Matthias Claudius a «cantar a diario»:

Doy gracias a Dios y me regocijo,
como el niño con el presente navideño,
de que ¡soy, soy! Y de que te tengo
a ti, hermoso rostro humano.

De este acto de sopesar lo pobre que soy por mí mismo, crece entonces la alegría por el hecho de que el Compasivo colma la pobreza de quienes reconocen su pobreza con sobreabundante riqueza. Esta evidencia nos pone entonces en disposición, es más, nos hace ansiar obsequiar a otros tomando de la plenitud de lo que nos ha sido obsequiado. Tantas veces como llamamos a Dios el Compasivo y somos conscientes de que todo es gracia y compasión, crece en nosotros el deseo de compadecernos de otros y de obrar compasivamente con todos los que necesitan compasión.

¿Qué es para mí lo más valioso de todo lo que se me ha obsequiado? ¿Qué es lo que, de ello, puedo obsequiar a otros? ¿Acaso no es mi alegría de vivir el obsequio más grande que puedo hacer a todos aquellos con los que me encuentro?

2

Ar-Raḥīm

El Misericordioso

Quien da a Dios este segundo nombre, en puridad no añade nada al primero, sino que solo lo aplica, con plena conciencia, a la propia relación con Dios: Dios el Compasivo es, por lo que a mí hace, el Misericordioso. Dios me mira como una madre mira a su hijo. La madre ve, junto a lo bueno, con toda claridad también lo que todavía no es bueno, y se compadece. Esto es, su corazón de madre siente el dolor que el niño se causa a sí mismo cuando le rehúsa algo a la vida. Pues «bueno» quiere decir «afirmador de vida», y solo lo que (todavía) se opone al despliegue armonioso de la vida ha de ser llamado «malo».

El corazón de la madre siente, por tanto, el dolor del que acaso el propio hijo apenas todavía es consciente... y sufre. Solo las madres conocen esta clase de compasión. Es como otra especie de dolores de parto. Igual que los primeros dolores una vez le obsequiaron al hijo la vida, así ahora esta compasión quiere obsequiarle al hombre la plenitud de vida. Los ojos de la madre lucen con luz alentadora, una luz que infunde más valor de lo que podrían hacerlo las meras palabras de ánimo.

Sucede lo mismo con la mirada maternal de Dios: no embellece nada, pero tampoco lo juzga. Me anima y crea un espacio para que yo pueda crecer en él: un espacio en el que todo lo que todavía no es bueno puede desenvolverse plenamente en lo bueno. Solo el Misericordioso consigue que mi corazón pueda florecer así.

¿No debería ser posible para mí mirar hoy, con mis propios ojos, todo lo que todavía no es bueno con ojos maternales? Cuando lo logro, vivo a menudo un sorprendente verdecer y florecer de todo en lo que mi mirada hace lucir la luz de la misericordia. Se muestran soluciones creadoras completamente nuevas. ¿No quieres tú también intentar ver en lo «malo» lo que todavía no es bueno?

3

Al-Malik

El Rey

Llamar Rey a Dios es peligroso en un doble sentido. Por una parte, podría sugerir que se le prestan a Dios atributos que con frecuencia caracterizan a los reyes de este mundo. Esto sería un craso error. Los reyes se vanaglorian, pero Dios obra en lo oculto. Los reyes oprimen, Dios otorga autoridad. Los reyes fuerzan la obediencia, Dios obsequia la libertad.

El título de rey es símbolo de la autoridad suprema en el sistema de poder cuyos fundamentos amenazan con destruir nuestro mundo. Por este segundo motivo es aún más peligroso dar a Dios el nombre de Rey. Si lo hacemos sin pensar, entonces con demasiada facilidad nos volvemos insensibles a la contradicción que existe entre dos sistemas de poder, el regio y el divino. Pero la contradicción entre ambos es absoluta.

El sistema de poder del que procede el nombre de Dios Rey, hoy en día lo conocemos demasiado bien por la experiencia cotidiana dondequiera que vivamos en este mundo. Es la pirámide de poder de nuestra sociedad, consistente en innumerables pirámides de poder más pequeñas del mismo tipo. Todas ellas se caracterizan por la violencia, la rivalidad, la opresión y la explotación. Quienquiera que ocupe la cúspide, ese es rey.

Pero, a diferencia de esto, ¿de qué conocemos el ejercicio divino del poder? Lo adivinamos por el orden del universo y por la acción del Gran Misterio, al que en la naturaleza llamamos Dios. Ahí encontramos, en lugar de una pirámide de poder, una red de redes; en lugar de violencia, una conspiración en beneficio del conjunto. También aquello que, en un primer momento, nos puede parecer una competición brutal se integra con el todo y contribuye a un equilibrio armónico. En vez de rivalidad y opresión, encontramos un recíproco dar y tomar, y en lugar de explotación, compartición. En el universo, Dios es Rey en el sentido de un poder ordenador que todo lo vivifica. Pero no podemos de ningún modo borrar la diferencia entre estas dos formas de poder.

O Dios es Rey o lo son los poderosos de este mundo. Quien llama Rey a Dios —y se conduce en consonancia—, ese desafía con toda radicalidad al sistema de poder existente y discute a los poderosos, en último término, su poder. Hay sitios donde esto puede costarle a uno la vida, pero casi en todas partes esta actitud amenaza el propio prestigio en la sociedad. Llamar Rey a Dios exige valor: el coraje para establecer un orden del mundo completamente nuevo.

¿Es Dios mi Rey o son para mí la máxima autoridad, a fin de cuentas, mi jefe y el sistema de poder imperante?

4

Al-Quddūs

El Santo, el Perfecto, el Puro

En vivencias cumbre de la vida, como cuando se participa en la experiencia del nacimiento de un niño, se asiste a un concierto excepcional, se disfruta de un día magnífico en la alta montaña o se contempla la clara noche estrellada bajo la bóveda del cielo, los seres humanos podemos sentir la fascinación y el estremecimiento producidos por una presencia que nos impone respeto. Podemos entonces llamar a ese Tú misterioso, que en estas ocasiones nos sale al encuentro, el SANTO.

Cuando algo produce en nosotros a un tiempo fascinación y estremecimiento, decimos que es santo. Al pequeño que juega en la playa, se le debe aparecer así el mar cuando corre hacia el agua, dando chillidos de alegría, pero luego huye enseguida en cuanto se le acerca una ola espumeante. De adultos podemos experimentar cosas parecidas cuando una visión santa, como, por ejemplo, la silueta de la pirámide de Keops dibujada en el cielo nocturno, nos arrebata, pero al mismo tiempo nos infunde, a causa de su sublimidad, una especie de angustia.

La nobleza interior de un ser humano puede medirse exactamente por lo perdurable de la impresión con que la santidad toca su alma. El entusiasmo del encuentro con lo sublime puede provocar en nosotros una especie de nostalgia: quisiéramos nosotros alcanzar esa misma nobleza y vivir con la misma autenticidad. Esta aspiración a una pura autenticidad puede ser el comienzo de una vida santa, esto es, salva. Lo que une lo salvo y lo santo es el concepto de una integridad auténtica, sin quebranto.

El Santo es a un tiempo el Sanador, el Misericordioso del anterior nombre de Dios. Santidad y misericordia van juntas. Esto no debemos olvidarlo nunca. En el encuentro con el Santo no solo tomo conciencia de mi propia imperfección, sino, sobre todo, de la gracia de que el Perfecto, el Puro, se vuelva hacia mí —sí, hacia mí, tal como soy— y me santifique. Obsequiar a mi vez esta misericordia a todos los que encuentro, tal es la verdadera pureza, la verdadera santidad, la verdadera veneración del Santo. Del mismo modo que el cristal puro de una ventana deja penetrar a raudales la límpida luz del sol, puedo yo dejar que la misericordia del Santo se derrame a través de mí.

¿Qué ocasión se me brinda hoy de honrar al Santo dejando que la misericordia luzca con toda su pureza a través de mí? Sí, se me ha asignado a mí esta tarea de veneración. Así pues, ¿hacia qué o hacia quién podría yo hoy derramar, a través de mi conducta misericordiosa, los rayos sanadores del Santo?

5

As-Salām

La Paz, la Fuente de la paz

¿Qué es «paz», en realidad? ¿Acaso no es lo que la filosofía occidental de la Edad Media entendía por este concepto, *tranquillitas ordinis*, la quietud que brota del orden? Naturalmente, no debemos pensar aquí en la paz de los cementerios, como tampoco en un doctrinario «¡Que haya orden!». La Paz se parece más a la quietud dinámica de la llama de una vela que arde apaciblemente y está enraizada en ese orden omnicomprensivo cuyo principio ordenador es el amor; el amor como el sí vivido a la pertenencia recíproca de todos con todos.

La paz así entendida designa mucho más que un periodo histórico sin guerra. La verdadera Paz significa el armonioso despliegue de toda la plenitud de la existencia. Del mismo modo que en la música el talento de un compositor es capaz de unir en una armonía superior los acordes disonantes con los consonantes, así también la Paz divina salva y reconcilia todas las contradicciones. Incluso la discordia y la concordia están de consuno al servicio de un todo más alto. Desde esta perspectiva, podemos llamar a Dios la Paz.

Y esta paz podemos experimentarla no solo en épocas de calma, sino precisamente también cuando en la vida personal y en la vida pública «de un rayo otro rayo se desgarra», como canta Joseph von Eichendorff:

¡Agita las flamígeras alas!
Cuando de un rayo otro rayo se desgarra:
como en los estribos del corcel
se afianza, caballeresco, mi espíritu.

Murmullos de bosque, centellas de tormenta,
ellos liberan el alma:
arrobada saluda entonces
lo verdadero, serio y grande.

Lejos se embarcan los pensamientos
como en el anchuroso mar,
igual que las olas se agitan:
más se hinchan las velas.

Señor Dios, tu voluntad vigila,
ya pasen día y goce,
mi corazón así se aquieta
y no sucumbirá.

Cuando siento que «mi corazón así se aquieta» es que he encontrado mi embarcadero personal para alzar velas adentro de la Paz de Dios. Aunque se agiten entonces las olas y las velas se hinchen, ¿dónde, en el día a día, puedo encontrar tales embarcaderos? Es fácil pasarlos por alto y, sin embargo, qué valioso es descubrirlos.

6

Al-Mu’min

El Fiable, el Dispensador de seguridad

Creer, en el sentido más profundo, no significa tener algo por verdadero; creer significa fiar en Dios como el Fiable. En el hebreo bíblico, una misma palabra designa el carácter fiable de Dios, firme como la roca, y nuestra confianza creyente en Él. Esta palabra, *emuná* (אֱמוּנָה), proviene, al igual que la palabra Al-Mu’min, el Fiable, de una raíz cuyo significado fundamental es «firme, estable, fiable». La palabra *amén* procede también de esa misma raíz y es, en cierto modo, el sello que nuestra fe imprime a esta reciprocidad de fiabilidad divina y humano fiarse.

Así pues, no es tampoco ninguna casualidad que para las tres tradiciones que se remiten a Abraham como padre de la fe, *amén* se convirtiera en una palabra completamente central. Cuando las tres tradiciones del amén —la judía, la cristiana y la islámica— dicen «amén», confiesan su fe en Dios el Fiable, su fe común. Así, el salmo 41 termina con un enfático «amén»:

¡Alabado sea el Señor, Dios de Israel,
por los siglos de los siglos! ¡Amén! ¡Sí, amén!

Hay un cántico cristiano que une con toda justicia el «amén» con la fidelidad de Dios. Empieza así:

Amén, amén, solo amén
sale de la boca del fiel Dios.
Por toda la eternidad tiene el nombre
de fundamento de toda verdad.

Y en Muhamad al-Bujari, un comentarista del Corán del siglo IX, leemos: «Cuando el imán diga *amin*, decid *amin*, porque cuando su *amin* coincide con el *amin* de los ángeles, le son perdonados los pecados pasados».

¿Tengo conocidos de alguna de las otras tradiciones del amén? ¿Podría quizá encontrar hoy ocasión para hablar con uno de ellos de lo íntimamente que la palabra amén *nos une en nuestra fe? Si solo conozco a personas de mi propia tradición, ¿cómo puedo conocer a alguien de otra tradición? Pues es esto lo que la presente situación del mundo exige.*

7

Al-Muḥaymin

El Custodio y Guardián

¿De qué me custodia en realidad Dios, el Custodio? No, desde luego, de los golpes del destino. Esos a todos nos alcanzan, tanto si nos encomendamos a la protección divina, como si ni siquiera se nos pasa por la cabeza la idea de un Dios protector. Y, sin embargo, todos aquellos que en el calor de las situaciones más dificultosas de la vida se cobijan a la sombra de Dios dan testimonio de que esto despeja la cabeza y alivia el ánimo. Pero ¿en qué consiste la diferencia?

Nos sepamos o no protegidos por Dios, las circunstancias externas no cambian; lo que se afianza es la actitud interna de confianza. Y no porque acaso nos engañemos a nosotros mismos o nos metamos algo en la cabeza. No. La confianza en la custodia de Dios se afianza porque nos preserva de la desesperación.

La desesperación nos vuelve ciegos a las posibilidades que, pese a todo, aún permanecen abiertas ante nosotros, mientras que la confianza nos abre los ojos y nos permite descubrir salidas insospechadas. De este modo, Dios demuestra ser, con toda virtud, el Custodio. Dios no obra en nosotros *desde fuera,* sino desde la más íntima profundidad del misterio, en el cual nuestra vida se enraíza.

¿Qué persona de mi entorno lo está pasando ahora especialmente mal y necesita protección? No se trata de hablarle del Custodio, sino de penetrar juntos y en silencio en la sombra protectora del misterio divino.

8

Al-'Azīz

El Todopoderoso, el Venerable

De nuevo es este un nombre de Dios que fácilmente podría llevarnos a confusión. Ya solo con la palabra *poder,* que aquí resuena, vibran demasiados armónicos y semitonos que evocan abuso de poder, opresión, explotación y cosas similares. ¿Y luego, incluso, omnipotencia, uso ilimitado del poder? Es verdad que la fe originaria humana barrunta una plenitud de poder a la que queremos referirnos cuando llamamos a Dios el TODOPODEROSO; pero nada tiene que ver aquella con el poder humano de un soberano.

Encontramos entre los hombres, una y otra vez, el amor al poder. En Dios, empero, se trata del poder del amor. Solo el amor merece ser llamado todopoderoso. ¿Por qué? Porque no hay nada —verdaderamente nada— que el amor no pueda transformar y volver hacia el bien. El poder, así pues, no es solo simplemente un atributo de Dios, el TODOPODEROSO, sino que Dios es omnipotencia porque es amor.

¿Se te ocurre un ser humano que amara de verdad? Sería alguien de quien tú —no por medio de discursos, sino solo por observación— podrías aprender por qué Dios es llamado el Todopoderoso.

9

Al-Jabbār

El Potente

Quizá no deberíamos llamar a Dios el POTENTE, sino simplemente potencia. Sea lo que sea lo que nos imaginemos con este nombre de Dios, es una imagen, ciertamente valiosa, pero solo imagen. Y este nombre, por significativo que sea, como todos los 99 nombres, no es más que una indicación de la realidad innominada de Dios. Es más, incluso el nombre «Dios» es tan solo una palabra para lo innombrable a lo que señala. ¿Y cómo experimentamos esta realidad, en último término innombrable, a la que llamamos «Dios»? Como potencia, como potencia real. Millones de alcohólicos anónimos son testigos de una «fuerza más alta» a la que se han confiado y que hace posible, para ellos, lo que de otro modo parecería imposible.

Toda persona sabe lo que se quiere decir con fuerza vital: en todos los planos, desde el ámbito corporal hasta el ámbito espiritual más elevado. ¿Acaso no experimentamos también nosotros, en nuestra propia fuerza vital, una «potencia más alta»? Y cuanto más investiga la ciencia cómo *funciona* lo viviente, tanto más misteriosos se nos vuelven el origen y la esencia de la fuerza vital. A decir verdad, no atribuimos, por tanto, a Dios una propiedad cuando lo llamamos el POTENTE, sino que señalamos con asombro a esa «potencia más alta» que obra en nosotros y que, sin embargo, permanece insondable.

¿Puedes hoy tomarte un tiempo para mirar largamente y con calma algo viviente: un niño que duerme, un árbol, tu propia mano? Al hacerlo, pronuncia en voz baja las palabras «el POTENTE» y considera qué te representas con ellas.

10

Al-Mutakabbir

El Sublime, el Noble, el Orgulloso

¿Qué es lo que experimentas como sublime? ¿Los picos montañosos cubiertos de nieve? ¿Un olivo antiquísimo? ¿La nave central de una catedral gótica que se va difuminando hacia lo alto mientras atardece? ¿Y qué experimenta nuestra alma al encontrarse con lo sublime? «Arrobada saluda entonces lo verdadero, serio y grande», decía Eichendorff. Así pues, se trata de grandeza, de seriedad y de autenticidad cuando damos a Dios el nombre de «el Sublime». Grandeza significa aquí que sentimos nuestra humilde condición ante el Sublime.

Humildad, de ningún modo humillación, muy al contrario: sentimos que en esa humildad reside precisamente nuestra más alta dignidad, pues el encuentro con lo sublime nos llena de gravedad festiva, sin que haya en ello nada teatral, sino que todo es auténtico. Es más, cuán «auténticos» seamos nosotros mismos depende de que lo sublime sea capaz de tocarnos y de la medida en que lo haga. Hay pocos sentimientos que señalen de manera tan inmediata como este a lo inefable, a lo último. Justamente por eso llamamos a Dios el SUBLIME.

¿Tienes ocasión alguna vez de estar bajo el cielo estrellado? En cualquier caso, puedes cerrar los ojos y tomar conciencia de que hay tantas estrellas en el universo como granos de arena en todas las playas del mundo juntas. Cuando te viene esta idea, ¿no estás ante el SUBLIME?

11

Al-Jāliq

El Creador

Este nombre de Dios forma una tríada con los dos siguientes. Sus significados están entretejidos unos con otros. Por eso no es tan importante distinguir con nitidez el Origen y el Formador del Creador. Todos estos nombres son como los pedazos de vidrio tiznado que los niños sostienen ante sus ojos durante un eclipse para mirar al sol sin quedarse ciegos: solo nos permiten barruntar la luz sin nombre que a través de los nombres de Dios fluye a raudales hacia nosotros.

El barrunto que se expresa en el nombre *Creador* surge en nosotros cuando contemplamos la belleza del mundo y descubrimos la legalidad que ordena todo hasta lo más mínimo. El artista que hay en nosotros piensa instintivamente en la creatividad de un maestro eximio, y el científico que hay en nosotros no cabe en sí de asombro ante la fuerza que ahí se expresa. Lo que nos impresiona tanto es la fuerza creadora de una realidad superior a la que llamamos Creador. Pero no debemos tomar en su literalidad las imágenes poéticas. Tampoco la imagen del Creador. Lo hemos dicho ya: Dios no actúa en el mundo «desde fuera». El nombre Creador señala la magnitud del misterio de cuya fuerza creativa surge todo lo que hay.

¿En qué ámbito eres tú creativo? Quizá quieras hoy hacer un pastel o reparar la bicicleta. Cuanto más descubrimos nuestra propia fuerza creadora y la vivimos como un talento, esto es, como un don y una tarea, tanto más nos asimilamos al Creador.

12

Al-Bāri’

El Hacedor, **el Origen**

La raíz verbal de este nombre de Dios en árabe es la misma que la de esa palabra hebrea para «creado» que solo puede decirse en relación con Dios. Los seres humanos podemos andar creativamente con lo ya creado, con lo que ya está ahí. Pero ¿cómo es que, en absoluto, hay algo y no hay nada? De niños podíamos aún hacer esas preguntas y maravillarnos. De ese asombro, en el que Platón pone el inicio de todo pensar filosófico, surge la pregunta por el Origen de todo ser.

Detrás de la palabra alemana para origen *[Ursprung]* está la imagen de un salto *[Sprung]*. ¿Qué es lo que salta? El ser salta del no-ser al existir. «De la nada no sale nada», dice con toda razón la voz popular. La fuente de todo ser, empero, solo es una «nada» en la medida en que «no es algo». Pero no es una nada vacía. Esta nada divina, que Angelus Silesius, en un dístico, llama «una Nada y Sobrenada», es el fondo originario materno, grávido de posibilidades ilimitadas. El ORIGEN es entonces el salto de la posibilidad a la realidad efectiva, del puro ser posible al ser de tal y cual modo.

Es la tierna Divinidad una Nada y Sobrenada.

Quien en todo nada ve, créelo, hombre, ese lo ve.

¿Qué es lo que ve? La realidad divina en todo: el Gran Misterio que abraza ambos polos del ORIGEN, el ser y el no-ser, y a la vez el salto mismo. El nombre de Creador remite más al ser, el nombre de ORIGEN, más al salto desde el no-ser. Es más, podemos aprender a *ver* en todo lo que contemplamos, al mismo tiempo, el Gran Misterio, a sentirlo realmente como nada, detrás del origen... como una especie de trasfondo. Así, cuando oímos música podemos aprender también a escuchar a la vez el silencio, no como algo añadido, sino como presupuesto.

De niño fuiste —todos los niños lo son— un pequeño filósofo. ¿Puedes permitirte volver a encontrar esa sencillez (¡no simpleza!)? Concédetelo, y lee luego de nuevo con atención esta meditación del nombre de Dios ORIGEN.

13

Al-Muṣawwir

El Formador, el que da a cada cosa su forma

Todos los nombres que damos a Dios son como puentes entre lo nombrable y lo innombrable. Tenemos que ser capaces de mirar al mismo tiempo a ambas cabezas de puente. Mirar solo la luz innombrable vuelve ciego. Pero ver solo lo nombrable es cortedad de miras. Que «Creador» y «Origen», que ser y no-ser, designan una y la misma realidad última, de eso solo nos percatamos cuando ambos producen a la vez en nosotros entusiasmo y estremecimiento. O por emplear otra imagen: en el río encontramos la fuente y en la fuente, el río, pero solo reconocemos toda su fuerza efectiva cuando nos entregamos a la corriente. Y esta corriente es FORMADORA: trabaja la roca como un torrente arrasador. Por medio de todo lo que nos sobreviene, mediante «la belleza y el espanto», el FORMADOR nos forma, pero solo del modo en que le dejamos hacerlo. Estamos unidos en lo más íntimo con el Gran Misterio. Nuestra vivencia del FORMADOR es la de nuestro propio anhelo más interior de conformar nuestra vida.

¿Encuentras algún punto en tu interior donde haya algo que quiere cambiar? El cambio puede doler. Pero qué bueno es ser consciente de que tu vida no adquiere su forma traída y llevada por circunstancias externas sino a tu gusto.

14

Al-Gaffār

El Dador de perdón

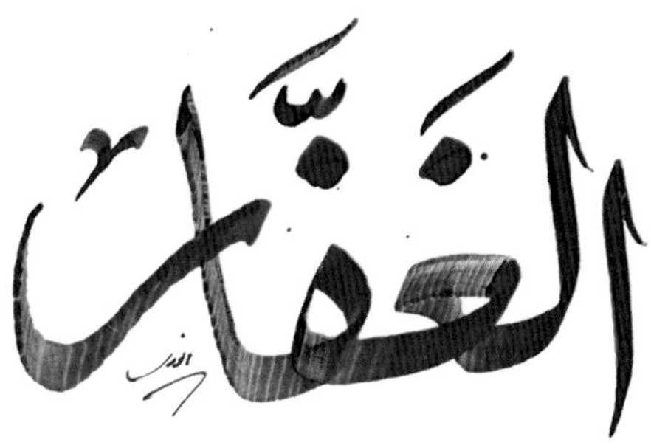

Con cada nombre de Dios mentamos, en último término, a Aquel a quien remite todo lo que hay, esto es, al Dador. Se trata en esto de un dar tan ilimitado que, evidentemente, con él también viene entendida la forma suprema del don, esto es, el perdonar. Por eso llamamos a Dios El Dador de perdón. Pero a esta comprensión no llegamos solo por reflexión, sino también por medio de la experiencia práctica. Tan pronto como perdonamos de verdad el sufrimiento que se nos ha causado, el daño ha sanado; no ha desaparecido, pero se ha transformado: lo que antes nos escocía ahora nos da calor, conforta nuestro propio corazón y el corazón de quien nos hizo mal.

Pero ¿qué significa perdonar? Significa dar de manera tan perfecta que, con el perdón, nos damos también a nosotros mismos, al acusador. De este modo, ya no nos ponemos enfrente del otro que nos hace sufrir, sino que nos hacemos uno, nos acordamos con él. Al tomar ahora «sobre sí» este «uno» la culpa, la revoca, en el pleno sentido del dejar sin efecto, pues es esto lo que el propio Dador de perdón hace con nosotros.

¿Dónde te escuece una culpa que se te ha causado y que no ha sido perdonada aún? ¿Quieres perdonarla hoy? Puedes estar seguro de que experimentarás que el perdón transforma. Esto pertenece al ser más íntimo de la realidad.

15

Al-Qahhār

El que todo lo vence, **el Victorioso**

La victoria evoca en nuestras ideas comunes la imagen de luchas en las que una de las partes sale vencedora. Pero, cuando se emplea como nombre de Dios el Victorioso, no puede tratarse de un combate, y mucho menos de dos partes, pues Dios está con las dos partes, con todas las partes. Y Dios no tiene necesidad de luchar y de vencer. La última y suprema realidad es, desde un principio, Victoriosa, y lo es sin ninguna duda y con toda evidencia. Solo nosotros tenemos que luchar, sobre todo contra la violencia. Así pues, tenemos que luchar sin violencia.

Pero ¿podemos ir contra la violencia propugnando la no violencia y realmente salir victoriosos? Sí, pero solo si ya somos victoriosos, esto es, solo si nos confiamos incondicionalmente al único divino Victorioso. A veces la victoria de la ausencia de violencia se muestra incluso en el plano histórico, pero esto solo sucede pocas veces. El

VICTORIOSO señala más allá del tiempo. «Lo que nosotros somos acá», y de eso forma parte asimismo lo que aquí logramos, «puede allá un Dios completarlo», leemos en Friedrich Hölderlin. Y este Dios no solo tiene la victoria, sino que es el VICTORIOSO.

¿Encuentran en ti un eco estos versos del poema «Otoño», de Rainer Maria Rilke, en los que el VICTORIOSO lo recoge todo desde abajo?

> *Todos nosotros caemos. Esa mano cae.*
> *Y mira a otros: así es con todos.*
> *Pero hay Uno que este caer,*
> *con infinita suavidad, sostiene en sus manos.*

16

Al-Wahhāb

El Dador y Dispensador, **el Dadivoso**

Algunos nombres de Dios expresan sentimientos que despiertan en nosotros, humanos, el encuentro con el Gran Misterio. Un ejemplo de esto sería «el Sublime». Otros nombres surgen más de nuestras cavilaciones en torno a Dios; de esto es un ejemplo «el Dadivoso», pues con la palabra *Dios* señalamos a la realidad última, pero esta es omnicomprensiva. ¿Cómo entonces podría El que todo lo comprende obsequiar algo limitado? Así pues, Dios siempre se obsequia a sí mismo: sin reserva, completa e íntegramente. Solo la capacidad de comprensión de los vasos en los que Dios se vierte es limitada. Y estos «vasos» solo existen porque Dios *da un paso atrás,* se retira para hacer sitio a la Creación, como lo expresa gráficamente la tradición jasídica. Solo porque Dios hace una dádiva de sí mismo, enajenándose, deviene posible que haya algo *ajeno a Dios,* aparte y fuera de Él. También el que podamos dar nombres a

Dios solo es posible porque el Dadivoso, al enajenarse, nos muestra su cara externa, su *afuera*. En el interior de la realidad última no alcanza a penetrar ningún nombre. Todo lo que hay, inclusive nosotros mismos, es expresión de este *adentro* y lugar de encuentro con el Dadivoso.

¿Recuerdas unos ojos de los que irradiaba hacia ti lo más íntimo de un ser humano amado y se te ofrecía por completo? A un obsequiarse similar, pero infinitamente más grande, señala el nombre de Dios el Dadivoso.

17

Ar-Razzāq

El Proveedor

Siempre que nos sintamos inclinados a preocuparnos, deberíamos invocar al Proveedor, pues nunca somos en sentido pleno nuestros propios proveedores. Y, sin embargo, nunca permanecemos desprovistos del todo. Solo necesitamos echar la vista atrás considerando nuestra vida para verlo con claridad. El místico y poeta Kabir habla del Proveedor como de aquel que «te dejó resplandecer en el seno materno». Y pregunta: «¿Cómo iba él ahora a dejarte andar por el mundo en completa orfandad?». Quien llama a Dios Proveedor confía en que la vida siempre nos da exactamente aquello que necesitamos en el instante. No requiere más que una poca experiencia de la vida para confiar en esto con convicción. ¿O de verdad creemos que somos nosotros mismos los que mejor sabemos lo que necesitamos? Matthias Claudius expresa esta confianza en el Proveedor de manera acertada:

Dame, Dios mío, cada día
solo lo justo para vivir.
Se lo da al gorrión sobre el tejado,
cómo no iba a dármelo a mí.

¿Conoces en este momento a alguien que te preocupe por no tener lo necesario para vivir? ¿Qué puedes hacer para que esta persona experimente el cuidado de Dios por ella? ¿Acaso no estamos destinados a convertirnos nosotros mismos en los ojos y en las manos del PROVEEDOR*?*

18

Al-Fattāḥ

El que abre

Nuestra comprensión de lo mentado con este nombre de Dios comienza con el asombro de que hay espacio: espacio de juego, holgura. Ya cuando decimos «ser», no estamos solo mentando la plétora de todo lo que hay, sino el estar-en-flujo del existir, pues el ser también podría existir como algo coagulado y petrificado en sí. Y, sin embargo, por doquier hay espacio, en torno a nosotros y en nosotros mismos: el espacio de respiración. La apertura pertenece a la esencia de la realidad que podemos experimentar. Y esta apertura es obsequio.

Por eso, a la fuente divina de donde mana hacia nosotros este obsequio de la apertura la denominamos EL QUE ABRE. ¿Y cómo podemos nosotros mostrar nuestra gratitud AL QUE ABRE? Atreviéndonos a entrar confiadamente en esta apertura, sumergiéndonos en ella con una profunda inspiración, dando una larga espiración y siguiendo adelante: encaminándonos hacia la sorpresa.

El que abre es el Dios de la sorpresa, pues solo mediante la apertura de todo se crea espacio para la sorpresa. Por ello, El que abre es también el Dios de la esperanza. El que abre nos hace vivir la esperanza como nuestro confiado estar abierto a las sorpresas.

Un ejercicio práctico: ve y abre una puerta. Acuérdate luego de todas las puertas que la vida te ha abierto ya desde que naciste. Respira profundamente y, al espirar, di con gratitud El que abre.

19

Al-‘Alīm

El Omnisciente,
El que todo lo conoce

¿Cómo es que llegan los hombres a la idea de que Dios es «omnisciente»? Es verdad que no sabemos cómo se ha ido cumpliendo esto históricamente, paso a paso, pero podemos reconstruir su lógica interna: «Dios» está por la realidad última que podemos experimentar; de esta tomamos conciencia en experiencias cumbre, al mismo tiempo que con la vivencia de un ahora que va más allá de la limitación del tiempo. Así pues, en la medida en que la realidad última tiene conciencia —¿y de dónde nos vendría a nosotros si no la tuviera ella?—, en esta conciencia está contenido todo lo que hay. Esto no tiene nada que ver con un *saber de antemano,* pues en el ahora eterno no hay un antes ni un después. Por tanto, no toca tampoco a nuestra libertad, que pertenece al ámbito del tiempo.

La indicación de un Dios omnisciente fue no pocas veces mal empleada en forma de amenaza, haciendo pensar a algunos hombres en un superpolicía que todo lo espía desde el cielo. Mejor llamemos a Dios, por tanto, El que todo lo conoce y desplacemos así el acento a la comprensión empática que tiene Dios de nuestras motivaciones más hondas, pues nuestro corazón añora un interlocutor divino así de penetrativo, y por ello solícito, y lo puede encontrar en El que todo lo conoce.

Nosotros los humanos tenemos un deseo puramente insaciable de conocer y de comprender. Pero más hondo aún es nuestro anhelo de ser verdaderamente reconocidos y comprendidos como aquellos que somos. Piensa en un aspecto de tu vida que, a pesar de todos los esfuerzos incluso de la más comprensiva de tus amigas, no puedes poner en claro. Y luego alza tus ojos interiores hacia El que todo lo conoce.

20

Al-Qābiḍ

El Restrictivo, el que retiene los dones según su juicio

¿Cuántas veces no habremos tenido ya la experiencia de que el destino nos priva de algo que habíamos anhelado? Pero ¿quién es el que nos destina el destino? Porque confiamos, creyentemente, que el misterio divino es fuente y origen de nuestra vida y, de ese modo, también de nuestro destino, atribuimos a Dios también ese privarnos de algo y llamamos a Dios el Restrictivo.

Pero cuántas veces no habremos visto luego qué bueno fue para nosotros que se nos negara lo que esperábamos para nosotros y por lo que orábamos. Es así como a nuestros padres no solo les estamos agradecidos por lo que nos concedieron, sino también por todas aquellas cosas que, con su mejor saber y entender, nos negaron. Solo como personas maduras podemos valorar en sus justos términos lo que les agradecemos a nuestros padres por su restricción. Así pues, cuando llamamos a Dios el Restrictivo, en este nombre se deja oír también el agradecimiento.

Piensa en un gran deseo que no se te cumplió. No es demasiado tarde para darle por ello las gracias al Restrictivo. *Quizá quieras hacerlo hoy y sentir con ello la libertad interior que te da esta gratitud por lo que te fue negado.*

21

Al-Bāsiṭ

El Pródigo, que prodiga los dones con largueza y magnanimidad

Todo lo que hay es don, regalo, pues también podría no haber nada. Eso nos justifica a llamar el Pródigo a Eso grande que da lo que hay y a representarnos la alegría de aquel que abre su mano y que llena con su bendición todo lo viviente, pues también para nosotros es más bienaventurado el dar que el tomar. Pero ¿no es esto simplemente una proyección sobre Dios de sentimientos humanos? A esto podría responderse preguntando a su vez: pero ¿de dónde iban a venirnos a los hombres dichos sentimientos si «Eso» no nos los diera? y ¿cómo podría darnos Dios lo que no tiene? La alegría que sentimos cuando podemos conceder a otro un deseo es la alegría del Pródigo, que se hace real en nosotros. Más aún: Dios es el prodigar mismo, el dar que todo lo da. En Dios, ser y obrar son una y la misma cosa. Aunque aquello que llamamos Dios sobrepasa infinitamente nuestro concebir, podemos experimentar en nosotros mismos a Dios como el Pródigo.

¿Se te ocurre alguien a quien pudieras concederle hoy un deseo? ¿Quién no desearía, por ejemplo, que le regalaran una sonrisa? Ahí tienes tu ocasión de conocer al PRÓDIGO *prodigándote a ti mismo.*

22

Al-Jāfiḍ

El que regala humildad, el que humilla a los soberbios y a los injustamente orgullosos

También en el caso de este nombre deberíamos considerar que, al igual que todos los nombres de Dios, no solo pretende enunciar algo sobre la acción de Dios, sino sobre su realidad. En Dios, realidad y acción son una sola y la misma cosa. Dios, que regala humildad, es humildad. Dios se regala siempre a sí mismo, aunque nuestro corazón no pueda captar, de la sobreabundancia de Dios, más de lo que nuestros pulmones pueden aprehender del vasto mar de aire cuando inspiramos muy profundamente. Como Aquel que regala humildad, Dios nos regala dos cosas: la ocasión de hacer de nuestro sitio en la vida algo al servicio del bienestar de los demás y el valor para hacerlo.

La humildad *[Demut]* aprovecha agradecida esta ocasión y se vuelve así, fiel a su nombre en alemán, coraje *[Mut]* para servir. La altivez *[Hochmut]*, en cambio, quiere ser servida, compara y envidia, quiere elevarse por encima de los demás y acaba a menudo exhibiendo condecoraciones y honores, pero resultando, no obstante, irrisoria. A todos a los que su sitio en la vida no hace agradecidamente humildes, la vida los humilla; pero eso también es regalo. Quien se busca un sitio presuntuoso, a ese la vida, y en último término Dios, «el que humilla», le asigna el lugar que le corresponde. Pero todo lugar es un lugar de honor. El que comprende esto reconoce agradecidamente a Dios como AQUEL QUE REGALA HUMILDAD.

¿Dónde te ofrecen tus circunstancias vitales en este momento la ocasión más señalada para servir? Es ahí donde debes hoy mostrar tu coraje para servir y experimentar la alegría que la humildad nos obsequia. Y no olvides que también puede ser un servicio esforzado dejar, cuando sea preciso, que le sirvan a uno.

23

Al-Rāfiʿ

El que escucha a los humildes y a los modestos, **el Enaltecedor**

De algún modo, percibimos que no solo la humildad es un regalo de Dios, sino que también todo lo que en la altivez afirma la vida procede de Dios: acaso deberíamos llamarlo «altitud de ánimo». Este sentimiento de elevación tiene algo en común con el júbilo que crece en nosotros cuando nos hallamos en la alta cumbre de una montaña o cuando, en cualquier otro lugar, estamos altos de ánimo. Porque experimentamos este ánimo elevado como un regalo de la existencia, lo remitimos a Dios, a quien llamamos el Enaltecedor. ¿Acaso podríamos elevarnos por nuestras propias fuerzas tan por encima de nuestra conciencia cotidiana?

En la conciencia de que esta elevación interior es puro obsequio reside probablemente la diferencia esencial con respecto a la altivez, que se atribuye a sí misma la alteza en lugar de al Enaltecedor. Con la conciencia de nuestra alteza no se trata de rango y privilegio, sino de una forma positiva de orgullo, un orgullo carente de todo afán presuntuoso de compararse con los demás. Un semental que, con las crines al aire, se encabrita y relincha vale como imagen de ese orgullo: «orgullo hecho de tierra» lo llama el poeta, orgullo humilde.

Piensa alguna vez que cuando fuiste concebido eras una célula de tamaño microscópico, mil veces más pequeña que un granito de polvo. ¿Cómo es que has llegado a convertirte en el ser que ahora puede leer y ponderar estas líneas? A la fuerza vital que te elevó por encima del polvo puedes llamarla, con agradecido asombro, tu Enaltecedor.

24

Al-Mu'izz

El que concede verdaderos honores, **el Honrador**

Los honores que se nos otorgan en el curso de la vida son bastante inestables, se evaporan pronto: un poco de fama y enseguida caemos en el olvido, pues el reconocimiento que nos prestan otros seres humanos siempre es justamente solo eso: un préstamo, y a menudo por un corto plazo. Pero quien tenga trato con la fuerza misteriosa que, desde dentro, no desde fuera, una y otra vez nos eleva por encima de nosotros mismos, puede experimentar que esa fuerza no solo nos eleva, sino que nos honra, con un honor que no es préstamo, sino, por así decir, herencia, una herencia innata.

¿No somos, en último término, tierra que honraba a una dinámica insondable con vivacidad, con conciencia, con autoconciencia, es más, con el supremo honor de una relación consciente con el Gran Misterio? Por eso nos atrevemos a llamar al fondo originario divino, del que brota esa dinámica, el Honrador. El honor duradero que a nosotros los humanos se nos vuelve obsequio es la conciencia de nuestra íntima relación con esta fuerza que nos eleva. Nietzsche se dirige al «dios desconocido» con este apelativo: «Tú, incomprensible, pariente mío». Conciencia de estar emparentados con lo incomprensible, de ser materia que ha sido elevada a la experiencia de Dios consciente: tal es el honor inigualable por el que damos gracias al Honrador.

Es digna de meditarse con más detenimiento la última estrofa del poema de Nietzsche «Al dios desconocido», pues esta estrofa conviene a todo lo que quiere decir el nombre de Dios «el Honrador», y también le conviene al nombre precedente y al siguiente de nuestra lista, al Enaltecedor y al Humillador:

> *Quiero conocerte a ti, desconocido,*
> *tú que alcanzas hondo en mi alma,*
> *que mi vida atraviesas como tormenta,*
> *tú, incomprensible, pariente mío,*
> *quiero conocerte, aún más, servirte.*

25

Al-Muzill

El que retira honores, el Humillador, el opresor del prójimo

Nicolás de Cusa llama al Gran Misterio *coincidentia oppositorum:* la concordancia de todas las contradicciones. Por eso podemos llamar a Dios, al mismo tiempo, el Honrador y El que retira honores. ¿Cómo hemos de entender que Dios nos retira el honor? La respuesta debe venir de la misma realidad vivencial que nos permite experimentar hasta qué punto somos honrados por Dios como el Honrador. Los nombres de Dios no son como prendas con las que revestimos a un dios ya conocido como si de un maniquí se tratase. No. Todo dios que podamos representarnos es un ídolo.

Los nombres de Dios surgen de nuestra experiencia, que barrunta una realidad última irrepresentable. Y esta es y permanecerá contradictoria para nosotros. Al presentir su belleza, tomamos conciencia a la vez de dos cosas: por una parte, que nos ensalza y honra poder admirar una belleza tan extraordinaria, pues la contemplación de la belleza nos transforma y nos hace bellos a nosotros mismos; por otra parte, que la belleza subyugadora que ahí tocamos nos aniquila verdaderamente. Rilke sabe esto cuando escribe:

Porque lo bello no es nada
más que el comienzo de lo terrible,
que justo podemos todavía soportar,
y lo admiramos tanto
porque indiferente desdeña
destruirnos.

Aquí reside la paradoja: cuanto más profundo nuestro presentimiento de Dios, tanto más grandes nos volvemos, y tanto más evanescentes al mismo tiempo. El que nos honra se vuelve, precisamente por eso, EL QUE NOS RETIRA HONORES, y al revés.

Rainer Maria Rilke, de quien están tomadas estas líneas sobre la belleza, pronuncia también esta oración: «Tú eres tan grande que dejo de ser tan solo con estar en tu cercanía». Recuerda un acontecimiento de sublime belleza. ¿No has experimentado entonces que la belleza te elevaba al máximo de los honores justo porque tú, en tu pequeñez, casi «dejaste de ser»?

26

As-Samīʿ

El Oyente

Los nombres de Dios —mejor haríamos en llamarlos «indicios de Dios»— señalan a una realidad última que permanece siempre inexpresable. Lo que es dado decir tiene que quedar de este lado de lo inexpresable. Así pues, todo nombre de Dios está de nuestro lado de la relación entre Dios y nosotros. Y, sin embargo, no solo enuncia algo de nosotros, sino que habla también de Dios. El pequeño escarabajo rojo moteado de negro, que se pone en la punta de mi dedo, hace una experiencia real de mí, por muy limitada que sea. Si pudiera captarla en palabras, estaría en condiciones de decir de mí algo que sería correcto.

Lo que de Dios podemos enunciar es infinitamente más insuficiente aún, pero puede ser correcto. Y esto es así, por ejemplo, cuando llamamos a Dios el Oyente: «Cuando clamo a ti, tú me oyes». Quien quiera hacer esta experiencia tiene que llamar con confianza. Naturalmente, la *respuesta* consiste sobre todo en la conciencia de ser oído. Pero ¿no es todo esto solo proyección? Sí, en la medida en que toda imagen es proyección. No, en la medida en que la imagen sí que aprehende algo de la realidad. No puede haber relación auténtica que no consista también en un oírse el uno al otro, tampoco nuestra relación con Dios.

¿Se te ocurre alguien que a menudo, también en medio de una reunión, parece estar solo? ¿Puedes disponer hoy las cosas de tal manera que puedas escuchar a esta persona con atención? El Oyente a menudo escucha con oídos humanos.

27

Al-Baṣīr

El Vidente

La investigación psicológica ha confirmado que en los instantes de un extremo estado de conciencia *místico* tenemos una percepción distinta a la de la vida cotidiana, que, por así decir, vemos con otros ojos. Vemos entonces cosas y personas, en cierto sentido, sin relacionarlas con nosotros, *tal como son en sí mismas*. En esta perspectiva, todo lo que vemos se nos aparece como transfigurado, como luciendo desde su interior con santa belleza.

Cuando estamos enamorados, a menudo nos miramos espontáneamente el uno al otro de esta manera. Es entonces cuando también somos conscientes de que ese modo de mirar muestra la realidad con más fidelidad a la verdad que una mirada embotada por la costumbre. No solo nos representamos que Dios ve así, lo sabemos, pues la realidad última nos contempla también a través de nuestros ojos.

Quien llama a Dios el VIDENTE no expresa solamente con ello que Dios ve, sino cómo ve Dios. Esto puede ser reconfortante, sobre todo para aquellos de entre nosotros que no tienen una muy elevada opinión de sí mismos. El escritor C. S. Lewis dice en un lugar que las personas caeríamos postradas unas ante otras, como ante un dios, si pudiéramos ver nuestra belleza sin envoltura ninguna. El VIDENTE nos ve en nuestra íntegra belleza.

¿Puedes alguna vez mirar serenamente al espejo sin pronunciar un juicio sobre lo que ahí ves? Simplemente, míralo con paciencia, hasta con amor, igual que el o la VIDENTE, igual que una madre mira a su hijo. Al hacerlo, date tiempo, y deja que este mirar te «caiga bien»... en el doble sentido de la expresión.

28

Al-Ḥakam

El Juez

Cuando oímos o pronunciamos el nombre de Dios Juez, nos cuesta no pensar a Dios como condenador. Juzgar y condenar significan por desgracia, en nuestro mundo extrañado de Dios, prácticamente lo mismo. Esto se debe a que la venganza y la revancha han contaminado de raíz nuestra idea de la justicia. Decir de Dios que es un juez en su acepción ordinaria sería algo completamente equivocado, porque esta imagen da por buenas, sin mayor cuestionamiento, las ideas humanas del derecho. Si, en lugar de ello, al nombrar a Dios partimos de nuestra experiencia de Dios, y es eso lo que deberíamos hacer, entonces llegamos al nombre de Juez porque hacemos la experiencia de la realidad última como directora, ajustadora. Si nos ajustamos a ella, entonces reconocemos hasta qué punto es injusta nuestra llamada «jurisprudencia», porque su derecho penal representa en puridad la forma socialmente legitimada de la venganza. Es justo este tipo de *justicia* el que Dios condena. La sentencia de Dios el JUEZ es siempre compasión y perdón.

¿De dónde sabemos, en realidad, que Dios como JUEZ no condena ni venga, sino que perdona y repara? ¿Podemos estar tan seguros de esto? Sí, lo sabemos con la más inquebrantable seguridad, pues nuestras convicciones más fiables están arraigadas en el encuentro con el Gran Misterio, en la vivencia del Ser Todo Uno. De ahí surge también una ética que nos une a todos y su principio: «Lo que no quieras que te hagan a ti, tú tampoco se lo hagas a otro». A este principio tiene que ajustarse toda moral, como tiene que interpretarse todo nombre de Dios a la luz de la experiencia de Dios.

Evoca en tu memoria una gran injusticia, algo injusto que hayas padecido tú mismo o que conozcas de la historia. ¿Cómo puedes representarte la restauración de la justicia? Piensa sobre ello un buen rato, hasta que hayas superado cualquier resto de venganza. Gandhi afirmaba con razón que «ojo por ojo» es un principio que tiene que acabar por convertir a todos los hombres en ciegos.

29

Al-ʿAdl

El Justo

De niños nos teníamos que aprender de memoria en clase de religión esta frase: «Dios es un juez justo que recompensa el bien y castiga el mal». Es verdad que lo que dice no es del todo falso, pero está expresado torpemente y de forma equívoca. Ante todo, el enfoque mismo ya está mal: no se debe empezar hablando de Dios en tercera persona, «él» ahí fuera, como si «Dios» fuese ya una magnitud conocida de la que enunciamos otras cosas más. Solo puede ser punto de partida aquello de lo que yo mismo he tenido experiencia personal.

Todo discurso sobre Dios dice en primer término algo sobre nuestra experiencia humana de Dios y solo indirectamente algo sobre la realidad última. Los nombres de Dios hablan de nuestra vivencia de aquello que descuella infinitamente por encima de todo lo representable. Así, el nombre «el Justo» surge de nuestra experiencia de que la realidad tiene una orientación, una justeza. Se realiza hacia algo, en una dirección que podemos presentir para ajustarnos a ella. Todo lo que contravenga a lo que la realidad quiere realizar tiene que fracasar. La experiencia práctica de la realidad nos enseña esto y nos autoriza a enunciarlo también de la última realidad. Por eso, justo es decir: quien no se ajusta a la justicia, ese ya está *ajusticiado,* aquí en el sentido de *condenado al fracaso.* Pero quien sinceramente se afana por la justicia, a ese el Justo lo justifica.

Un ejemplo del día a día: la gravedad como algo que está dado en la realidad. Tenemos que ajustarnos a ella. Si lo hacemos, podemos construir puentes y naves espaciales, y algunos de nosotros incluso podrán hacer funambulismo. Si hacemos como si no hubiera gravedad, al primer paso caemos al suelo. Lo que rige de la gravedad en el campo de la física, eso mismo rige del Justo *en el campo de la ética.*

30

Al-Laṭīf

El Sutil, el Bondadoso, que comprende lo más sutil en todas las dimensiones

¿Podemos en realidad llamar a Dios el Sutil y, por tanto, atribuir sentimientos a Dios? Podemos responder afirmativamente a esta pregunta, pues ¿de dónde nos vendrían los sentimientos a nosotros si la realidad última, a la que señalamos cuando decimos «Dios», no los tuviera? Al menos en nosotros siente Dios. Pero no solo experimentamos en nuestro propio interior ese fino sentir que nos hace bondadosos. También en el exterior, en torno a nosotros, si nos fijamos bien, se muestra algo que semeja a la sutileza: desde el plano subatómico hasta el cósmico, las constantes de la mutua conexión de las cosas están sutilmente ajustadas unas con otras. Producen un orden que es matemáticamente comprensible, que genera vida y hace posible la conciencia capaz de admirar con asombro esta armonía.

Por desgracia, el Sutil fue representado demasiado a menudo como un afinador de pianos cósmico. No necesitamos esta proyección. El sentimiento sutil del todo hacia el todo basta para hacernos caer de rodillas. Él mismo es ya la santa presencia en la que —como en todo encuentro humano— se nos presenta infinitamente más de lo que espacio y tiempo pueden comprender. Nuestro encuentro personal con la afinación cósmica nos autoriza a invocar a Dios como el SUTIL.

Cuando el mundo nos aparenta frío y anhelamos bondad, podemos recordar con cuánta ternura y paciencia alimentan las golondrinas a sus crías. ¿Acaso el cuidado cósmico del SUTIL, que todo lo penetra, debería pararse ante tu puerta?

31

Al-Jabīr

El Perspicaz, que conoce las mociones del corazón

Llegamos al nombre «el Perspicaz» cuando continuamos el curso de ideas que lleva del «Juez» al «Justo» y al «Sutil». ¿O deberíamos decir mejor al «Comprensivo»? Tampoco aquí comenzamos con un deseo cuyo cumplimiento solo soñamos y esperamos de un Dios soñado, sino que nuestro punto de partida es la sobria, pero hondamente ponderada, experiencia interior y exterior.

Así consideramos, por de pronto, la legalidad matemática que confiere al cosmos entero orden, dirección y coherencia. Luego sopesamos que nuestra conciencia tiene parte en este cosmos: que es su visión interior, por así decir. A ello pertenecen, como parte esencial, la conciencia del yo y la relación con el tú. Así pues, sabemos desde el interior que el universo tiene una dimensión personal. Cabe hablar, por ello, no solo de una armonía afinada, sino de sutileza. Y el aspecto intelectual de esa fina empatía es la perspicacia. Por eso es Dios, cuya realidad encontramos en todo lo finito, aunque su realidad supere infinitamente lo finito, realmente el Perspicaz.

¿En qué sientes que no te entienden? Tus mociones más íntimas, incluso las que acaban de germinar y tú mismo apenas entiendes, puedes ofrecérselas al Perspicaz *como los renuevos a la luz del sol: la perspicacia amante de Dios las hará florecer.*

32

Al-Ḥalīm

El Indulgente,
el que comparte los sentimientos

Una vez más, los nombres de Dios precedentes conducen a uno nuevo: el que comprende sutil y perspicazmente ha de ser, asimismo, el INDULGENTE que perdona toda injusticia, pues comprender significa trasladarse por entero, mediante empatía y penetración, al interior que ha de ser comprendido: ponerse en su lugar. Y *comprender todo significa excusar todo*. Todo lo in-excusado, todo lo que parece inexcusable, es en el fondo lo que no ha sido todavía plenamente comprendido por nosotros. Ahora bien, puesto que todos los nombres de Dios señalan al gran «Tú» que es más cercano a nosotros de lo que nosotros mismos lo estamos, y que, por tanto, nos comprende en lo más íntimo, es clarificador llamar a este «Tú» que comprende y excusa el INDULGENTE. Quien nombra así a Dios y lo dice en serio, en palabras de san Benito, «nunca desesperará de la misericordia de Dios».

Para nosotros, humanos, la realidad experimentable por nosotros no es, en último término, impersonal. Su corazón es nuestra íntima relación con un Tú que es el único que hace posible que digamos «yo». Incluso las observaciones científicas más objetivas *son hechas por un yo que presupone este Tú. ¿A quién le cuentas íntimamente tus historias más personales que nadie entiende si no? Este Tú comprensivo es, asimismo, un Tú que perdona. ¿Podrías tú hoy quizá, en agradecimiento a la indulgencia del* INDULGENTE, *ser indulgente con la imperfección de alguien? ¿Incluso, quizá, de ti mismo?*

33

Al-ʿAẓīm

El Sublime, **el Grandioso**

Lo que significan grandiosidad y sublimidad se nos hace consciente en aquellos instantes que la psicología conoce como «experiencias cumbre». Las experiencias cumbre pueden ser desencadenadas por impresiones sensibles de sublimidad, como, por ejemplo, la vivencia de una catarata, del mar embravecido o de una sinfonía de Beethoven. La sublimidad, empero, de la que tomamos conciencia entonces es, por encima de todo lo aprehensible por los sentidos, infinitamente excelsa. Por eso se la atribuimos a la realidad última y denominamos a Dios «el Grandioso». Este nombre de Dios, así pues, está anclado en vivencias en las que experimentamos a un tiempo nuestra propia pequeñez junto con algo así como una similitud con Dios. Algo que se esconde detrás de la frase bíblica «Dios creó al hombre a su imagen; a semejanza de Dios lo creó». La investigación psicológica ha establecido que el sentimiento paradójico de ser diminutamente pequeño y, al mismo tiempo, inmensamente grande es característico de las experiencias cumbre. En el nombre «el Grandioso» resuenan dos cosas: el conocimiento de nuestra nulidad, pero también la gratitud por el obsequio abrumador de que la sublimidad de Dios nos eleva por encima de nosotros mismos.

¿Qué experimentas tú como grandioso en la naturaleza, en el arte, en la dimensión humana? ¿No trasluce en esa experiencia algo del Grandioso? ¿No te eleva el encuentro con lo grandioso por encima de ti mismo? Y, lo que es más importante, ¿no te obsequia esto una actitud vital que también eleva por encima de sí mismos a otros que se encuentran contigo? Simplemente, ponte en esta tesitura y verás lo que obra el Grandioso.

34

Al-Ghafūr

El una y otra vez Excusador

La representación del «una y otra vez» presupone el tiempo. Pero ¿cómo puede la temporalidad tener sitio en un nombre de Dios? ¿No es la eternidad de Dios el preciso polo opuesto del tiempo? Sí, es cierto; pero todos los nombres de Dios están de este lado nuestro, del lado del tiempo. Lo que pertenece a la eternidad de Dios está más allá de la capacidad de ser nombrado. Ahora bien, eternidad y tiempo coinciden de forma paradójica en un punto de intersección: el ahora. El ahora acontece una y otra vez en el tiempo y, sin embargo, es el ahora uno, eterno. Al igual que la luz de la luna llena reluce en la cresta del oleaje que una y otra vez se encrespa sin cuento, así se repite la imagen especular del ser eterno en el tiempo.

Porque sabemos por experiencia que la realidad última no es impersonal ni mecánica, sino que en su núcleo esencial es relación personal, podemos atribuirle el comprender y el perdonar, y llamar a Dios el

Excusador, es más, El una y otra vez Excusador. Cuando dejamos conscientemente nuestro andar enredados en el pasado y en el futuro y regresamos al ahora, entramos entonces una y otra vez en el ámbito del perdón intemporal de Dios. De manera parecida a como en la Edad Media quienes huían de un castigo eran libres tan pronto como lograban asilo en un lugar santo, y ahí se acogían a lo sagrado, así podemos nosotros acogernos al ahora.

¿Qué te ayuda personalmente a encontrar una y otra vez tu centro en el ahora? Toda praxis espiritual está dispuesta a hacer esto; por ejemplo, una vida agradecida. Solo podemos estar agradecidos ahora. La próxima vez que sientas gratitud, acuérdate de ello: estás en el ahora, donde acontece el perdón... una y otra vez.

35

Aš-Šakūr

El Agradecido

Del agradecimiento forman parte siempre tres cosas: un dar, un don y la alegría por haber recibido un regalo a la que llamamos dar las gracias. Todo lo que hay podemos contemplarlo bajo estos tres aspectos. Que haya algo en absoluto no puede tener una razón más profunda que el hecho de que se trata, precisamente, de algo dado, o sea, que debe su origen a un dar. De ahí que todo lo dado, como la misma palabra indica, sea don. El ser le es regalado gratuitamente a todo lo que hay. De ahí que la alegría de existir, como tal, sea ya alegría de recibir un regalo, esto es, un dar las gracias. Desde esta perspectiva, el ser de todo el universo es gratitud. La naturaleza inanimada *da las gracias* a través de su existencia. Todo lo viviente da las gracias a través del hecho de estar vivo. Y nosotros los humanos expresamos nuestro agradecimiento cuando llegamos por el pensar *[Denken]* al dar gracias *[Danken]*. Y no solo damos gracias de palabra, sino que vivimos agradecidamente, y de cada don de la vida hacemos algo, esto es, damos gracias de obra.

La siguiente consideración puede conducir al nombre de Dios el Agradecido: ese «hay» en la frase «todo lo que hay» está por el fundamento originario del ser, del que todo tiene su origen. Este fundamento originario, empero, no es un hay impersonal, sino aquel Tú originario al que llamamos Dios. Dios, como oculto fundamento originario de todo, se regala a sí mismo como dador; Dios como realidad íntima de todo lo que hay es don; Dios como alegría de existir en el corazón de cada ser es dar gracias. Semejante comprensión de Dios hace de nuestra relación con Él algo extraordinariamente íntimo y dinámico. De este modo, adquirimos conciencia de estar en ese circuito que la mística cristiana llama «ronda del Dios uno y trino». No solo nosotros los humanos, sino todo lo que hay no tiene entonces, en último término, más tarea que el agradecimiento: mediante y con y en Dios el Agradecido.

¿Se te ocurre algo por lo que estés agradecido? Mira, por ejemplo, tu mano. ¿De dónde proviene al cabo? Tiene su origen en la realización de lo que no es sino posibilidad. Y esta realización es puro regalo. Y lo que haces con tu mano, eso ya es expresión de gratitud por que te ha sido regalada. Cuanto más honda sea tu conciencia de esto tanto mayor será la vitalidad con la que participes en la dinámica del agradecimiento, y tanto mayor la vitalidad con la que participes en la vida del Agradecido.

36

Al-ʿAlī

El Altísimo

Cuando se nombra la realidad última, se trata de lo sumo que podamos anhelar y aun de lo que lo sobrepasa. No es sorprendente, pues, que al nombrarla intentemos incluso incrementar los grados superlativos. Así, denominamos a la realidad divina el ALTÍSIMO y queremos decir con ello que todo lo que quepa enunciar de esa realidad puede ser incrementado en un grado aún más alto. Bien es verdad que la altura solo señala en un sentido y que, al mismo tiempo, querríamos también señalar a la profundidad más profunda: a todas las posibilidades no realizadas que todavía permanecen ocultas en el seno del Creador.

Ya aquello que nos está efectivamente dado y que nos es accesible hace saltar el marco de nuestra facultad de representación: por ejemplo, el hecho de que en un dedal de buena tierra vegetal vivan tantos organismos diminutos como personas hay sobre la Tierra. Nosotros los humanos nos movemos en un ámbito intermedio entre lo muy grande y lo muy pequeño. Ambos sobrepasan nuestra facultad de comprensión, ambos despiertan nuestro más profundo asombro. Pero ¿quién puede distinguir este asombro de la adoración?

Cuando nos asombramos siendo adorantes, esto nos da un sentimiento de profundo cumplimiento. Parece casi que los hombres estuviéramos por naturaleza dispuestos para esta actitud. Mira hoy una vez más imágenes de lo muy grande, como las galaxias en el universo, y permítete el deleite de saborear en lo más hondo la mezcla de asombro y adoración que experimentas con ello.

37

Al-Kabīr

El Grande

«Eres grande, Dios mío», exclama abrumado Rainer Maria Rilke. Pero sabe que Dios, como el GRANDE, se muestra precisamente en lo más pequeño como lo más grande. Así, el poeta procura encontrar imágenes con las que poder señalar la grandeza de Dios, aunque solo sea de forma tentativa: la cumbre de una montaña, un incendio, una tormenta de arena en el desierto...

> *Te hubiera pintado: no en la pared,*
> *en el mismo cielo, de borde a borde,*
> *y te hubiera formado, igual que un gigante*
> *te daría forma: como montaña, incendio,*
> *como simún que la arena del desierto acrece.*

Pero luego se interrumpe de repente con puntos suspensivos y un «o» grave:

o
también puede ser: una vez
te encontré...
Mis amigos están lejos,
apenas oigo aún resonar sus risas;
y tú: te has caído del nido,
joven pájaro de garras amarillas
y ojos grandes, y me das pena.
(Mi mano es demasiado ancha para ti).
Y, con el dedo, de la fuente levanto una gota
y escucho atento tu ansia por alcanzarla,

y siento latir tu corazón y el mío,
y ambos de angustia.

¿Has experimentado alguna vez, en un instante de espontánea participación, lo lejos que alcanza la cercanía de Dios? Has empezado a adivinar entonces que la grandeza del GRANDE *se muestra precisamente en la capacidad de salir a nuestro encuentro en lo más pequeño.*

38

Al-Ḥafīẓ

El Preservador, que conserva las obras de sus servidores hasta el Juicio Final

Cuando nos dirigimos a la realidad última con el apelativo el Preservador, puede percibirse en ello un sentimiento de cobijo, profundamente pacificador. Pero antes de que podamos apelar honradamente a este nombre de Dios, hemos de ser capaces, quizá sin mucho pensar, de dar dos pasos con la cabeza, de ganar dos pensamientos evidentes. Por de pronto, tenemos que ser conscientes de que la realidad última no puede ser impersonal, pues ¿de dónde si no tendríamos nosotros todo lo positivo que vivimos en nuestro ser personal? Y es que pertenecemos a la realidad. De ahí se sigue una segunda evidencia. Puesto que el recuerdo forma parte muy esencial de nuestro ser de persona, podemos atribuirlo también a esa realidad última a la que llamamos Dios. Bajo este doble presupuesto llamamos a Dios, quien nos preserva en su recuerdo, el Preservador.

El recuerdo de Dios nos lo debemos representar como fiel sin comparación, no tan lleno de faltas como el nuestro. Con la edad, muchas cosas se hunden en el olvido. Y, sin embargo, nada se pierde, porque el Preservador, por así decir, lo guarda en la memoria. Pero en todo lo tocante a aquello que nos oprime, a todo aquello que echaríamos en olvido sin demasiado disgusto, podemos estar confiados de que no solo será conservado por el Preservador, sino que será salvaguardado por él, salvaguardado de la posibilidad de causar daño.

¿Tienes recuerdos de los que te gustaría librarte? Confíaselos al Preservador. ¿Tienes recuerdos que te son especialmente queridos? Confíale estos también al Preservador.

39

Al-Muqīt

El Sustentador

Tan pronto como empezamos a despertar espiritualmente, comenzamos a asombrarnos. ¡Existo! Qué hecho más digno de asombro es este. Y más aún: la realidad no solo me ha producido y me ha regalado la vida, sino que me da todo lo que necesito para seguir con vida. Por eso llamo a esta realidad última divina, con asombro agradecido, la Sustentadora. En el marco de nuestra cultura de impronta en gran parte masculina, esto se convierte en El Sustentador, pero con el sustento y el recibir alimento se asocian sobre todo imágenes maternales. Y es que la experiencia viviente de Dios pone en duda una y otra vez nuestros conceptos y representaciones y los corrige siempre que es necesario.

La experiencia que tenemos de la vida divina, por el simple hecho de vivir con conciencia, no es menor sustento que el que nos aporta el alimento carnal. Cuanto más nos asombramos de que, a través del comer y el beber carnales, nos cabe la experiencia de Dios como SUSTENTADOR, tanto mayor es nuestra gratitud. Y cuanto más agradecidos nos volvemos, tanto más se ahonda y despierta nuestra vitalidad. Crecemos interna y externamente porque somos calmados en el pecho maternal del Dios que nos SUSTENTA.

Imagina una mesa sobre la que está amontonado todo lo que consumes en una semana para tu sustento. Si quisieras hacer lo mismo con la provisión de alimentos para un mes, necesitarías ya una mesa bastante grande. Y ahora imagínate un año. ¿Y durante cuántos años has recibido ya tu sustento? ¿De dónde vino todo ese alimento? Piensa en todos los profesores que te alimentaron intelectualmente: nos alimentamos los unos a los otros. El SUSTENTADOR *obra en nosotros y a través de nosotros. ¿A quién vas tú a alimentar hoy? Responde a esta pregunta con toda concreción.*

40

Al-Hasīb

El Calculador

Qué asombroso que en el universo, desde lo inconcebiblemente grande hasta lo inconcebiblemente pequeño, vaya todo acompañado de un orden matemáticamente aprehensible. Este asombro probablemente encuentra asimismo expresión en que denominamos a Dios el Calculador. El significado habitual del término, en el sentido de «insensible, frío y egoísta», a todas luces no es el adecuado aquí.

También la idea de que el Calculador nos imputa algo, de que lleva la cuenta de nuestras faltas, sería una peligrosa deformación. En cambio, la confianza de que el Calculador lo ha ordenado todo «conforme a medida, número y peso» puede obsequiarnos una profunda certeza: contamos y se nos tiene en cuenta en la gran ordenación del todo, en un orden que es infaliblemente exacto, pero que no es frío, pues tiene su origen en el amor.

¿Conoces el sentimiento de satisfacción que experimenta alguien con pocas dotes matemáticas cuando por fin da con el resultado correcto? Un sentimiento análogo puede ser tomar conciencia de que nosotros, que ni siquiera somos capaces de contar nuestros propios pelos, podemos confiar en que el CALCULADOR *ha hecho las cuentas de todo el universo sopesando hasta el último decimal... y que tras esta imagen llena de humor hay una realidad abrumadora.*

41

Al-Jalīl

El Majestuoso

Cuando en un nombre de Dios suenan con tanta claridad como en este caso armónicos políticos, deberíamos sorprendernos, pues el Majestuoso no es una proyección sobredimensionada de una majestad imperial o real sobre Dios. Las majestades mundanas no han dejado de arrogarse en la historia universal ser los representantes terrenales del Majestuoso, y esta pretensión fue respaldada por una casta sacerdotal dependiente.

Pero quien llama a Dios el Majestuoso desafía con ello cualquier otra idea de majestad. Los poderosos no nos enseñan cómo se conduce Dios; es Dios quien enseña a los poderosos cómo deberían comportarse. Y este principio es aplicable a las circunstancias políticas de cualquier periodo histórico. En contadísimas ocasiones era posible denominar a Dios el Majestuoso y decirlo en serio sin ser tenido en la sociedad hegemónica por un rebelde... y también serlo.

¿Qué es lo que en realidad exige el Majestuoso *de las majestades mundanas? Un dicho atribuido a Jesús responde a esta pregunta: «El que es el mayor de entre vosotros sea el siervo de todos» (Mateo 23,11). ¿A quién podrías tú servir hoy? ¿Y cómo? Piensa con exactitud cómo y dónde, y hazte el firme propósito de intentarlo de verdad. Lleva a cabo tu plan y verás que te espera una sorpresa: una vez realizado no te sentirás arrogante, pero sí verdaderamente distinguido, verdaderamente majestuoso, porque fue el* Majestuoso *el que, a través de ti y en ti, sirvió a otros.*

42

Al-Karīm

El Generoso, el Magnánimo

Majestad y generosidad van juntas. La mezquindad que se las da de majestuosidad solo resulta irrisoria. La realidad muestra ser, dondequiera que miremos, no solo majestuosa, sino también generosa; es más, verdaderamente despilfarradora. «De mil flores», se dice, «apenas una madura en fruto otoñal»; de millones de células espermáticas, solo una fecunda el óvulo; de innumerables posibilidades, cada vez se realiza una sola.

¿No es esto pura generosidad insensata? Si ya la realidad palpable hace alarde de semejante generosidad, ¿no habríamos entonces de poder llamar a la realidad que descuella por encima de todo el Generoso? Y, en lo referente a la insensata magnanimidad, una mujer razonable, Maria von Ebner-Eschenbach, se sonríe y dice: «Si la magnanimidad ha de ser perfecta, debe contener su pequeña dosis de insensatez». Seguro que es así. Y quizá el Generoso nos conduzca de este modo a descubrir la insensatez divina, un descubrimiento que nos puede salvar cada vez que corremos el peligro de tomarnos demasiado en serio.

¿En qué ocasiones estás inclinado a tomarte en serio? Fíjate bien si esto no va ligado siempre a cierta mezquindad. No lo olvides: eres hijo del GENEROSO. *Permítete hoy algo que casi te parezca demasiado insensato. Puedes así experimentar lo ligeros, lo alados que nos podemos permitir sentirnos por dentro.*

43

Ar-Raqīb

El Vigilante

De san Benito cuenta la leyenda que en una visión nocturna contempló ante sí todo el universo «resumido como en un único rayo de sol». Su biógrafo, Gregorio Magno, que lo transmite, añade la aclaración de que Benito, «en su rapto celestial», habría visto «cuán pequeño es todo lo terrenal».

Experiencias místicas parecidas podrían haber conducido a denominar a Dios el Vigilante: si hasta nosotros los hombres, en místico arrobo, podemos comprender el universo entero con una sola mirada, cuánto más no podrá Dios. Pero hay otra noción aún que resuena aquí: el Vigilante no solo ve, sino que mira con vigilante atención lo mirado. En mi infancia colgaban en muchas habitaciones de cristianos piadosos imágenes del gran ojo de Dios, que vela por todas las cosas. He de reconocer que, a veces, esto llegaba a ser un poco amedrentador. Pero una sabia maestra supo prevenir el malentendido de que Dios querría espiarnos desde el cielo, infundiéndonos ánimos a los niños con estas palabras: «Dios no va siguiendo cada uno de tus pasos para pillarte en una falta. ¡No! Lo que pasa es que, de puro amor, Dios no te puede quitar ojo».

¿Amas tanto a alguien que no puedes quitarle los ojos de encima? Aquello que cuidamos con tanta vigilancia lo llamamos «tesoro» o «cariño» y expresamos con estas palabras el valor que le otorgamos. Así pues, debería fortalecer la conciencia de nosotros mismos llamar a Dios el VIGILANTE. *Y debería fortalecer el respeto hacia la dignidad de nuestros semejantes el hecho de que el* VIGILANTE *cuide de ellos día y noche con amorosa mirada.*

44

Al-Mujīb

El que atiende a las súplicas

Todas las tradiciones que hablan de Dios hablan también a Dios. Esto, sin embargo, presupone la confianza en Dios como Aquel que escucha, e incluso como Aquel que atiende. Naturalmente, no todas las oraciones son peticiones. ¿Por qué las oraciones de petición en el diálogo con Dios iban a ser más frecuentes que las peticiones en el trato con nuestros semejantes? Y, sin embargo, es innegable que quien habla con Dios debe también suponer, consecuentemente, que Dios escucha las súplicas y que, en calidad de Dios amante, las atiende.

Pero esta es una afirmación osada. Se atreve a afirmar una imagen del mundo en el que la libertad tiene un sitio. No en el sentido de una libre intervención de Dios *desde fuera* y *con retraso,* sino como libre despliegue de cada parte singular, que participa como algo determinado y determinante en la conexión del todo. En semejante imagen del mundo se inserta con naturalidad la concepción de la oración como un diálogo con el gran Tú en el corazón de la realidad última. ¿Y por qué no iban las peticiones a ser parte de esta conversación entre dos? Claro está que El que atiende puede responder a las oraciones de maneras muy distintas, por ejemplo, con un «no» o un «todavía no» o un «sí, pero no así», que son todas respuestas válidas a oraciones.

¿Qué le pides al que atiende las súplicas*? ¿Acaso no es todo deseo íntimo, como desear el restablecimiento de un amigo enfermo, una oración salida del alma, la llamemos o no así? ¿Y qué esperas de ello? ¿Qué petición no formulada de otro quizá podrías tú mismo atender hoy en nombre* del que atiende las súplicas*? Piénsalo detenidamente.*

45

Al-Wāsiʿ

El que todo lo comprende, el Vasto

La realidad última no puede dejar nada fuera. Esta consideración nos autoriza a denominar a Dios El que todo lo comprende. Pero se trata, en esto, de mucho más que de una conclusión lógica. Este nombre de Dios no puede surgir más que de una comprensión mítica que va más allá de la lógica, pero sin infringirla, pues El que todo lo comprende tiene que abarcar tanto el no-ser como el ser, el no como el sí, el mal como el bien. Con la palabra *comprender* resuena toda la dinámica del afirmar, dar sentido, unir, rodear, incluso abrazar. No es que de ese modo se negaran las contradicciones; estas solo son superadas en un plano superior.

Aquí se muestra de nuevo cómo un nombre de Dios repercute en todos aquellos que lo pronuncian con fe: solo quien está dispuesto a dejarse hacer cada vez más comprensivo por El que todo lo comprende puede atreverse a nombrar así a Dios. La vida de nuestra vida es la vida divina, y el aliento de nuestro aliento es el espíritu de Dios en nosotros. Así que El que todo lo comprende hará que abracemos desde dentro contradicciones cada vez mayores.

¿Dónde marcas los límites? ¿A quién o qué dejas fuera? ¿Qué te costaría abrazar también aquello que dejas fuera de la manera en que El que todo lo comprende *lo abraza? Sin por ello darlo enseguida por bueno. Lo que te cueste, eso solo tú puedes juzgarlo, pero lo que ganas con ello no es nada menos que la verdadera plenitud de vida.*

46

Al-Ḥakīm

El Sabio

Quizá cupiera reconocer lo esencial de la sabiduría en el hecho de que, a diferencia del saber, comprende y afirma contradicciones paradójicas. Solo por ese motivo podemos llamar a Dios, el que todo lo comprende, dando un paso más, también el Sabio. Pensamos, por de pronto, en una cualidad humana cuando hablamos de sabiduría; así, por ejemplo, el místico medieval Bernardo de Claraval cuando dice: «Los conceptos nos hacen saber, el arrebato nos hace sabios».

Pero en esto no deberíamos olvidar una cosa: la sabiduría humana se nos obsequia cuando nos dejamos arrebatar por la sabiduría divina. Nuestras experiencias cumbre son instantes de profundo arrebato. Estas importantes vivencias, que recibimos como obsequio, no deberíamos despilfarrarlas. Debemos traer una y otra vez a la memoria estos instantes en los que nuestro corazón traspasó los límites de la razón y, de forma completamente espontánea, pronunció un «sí» que comprendía todas las cosas. Solo falta entonces que confiramos realidad a este «sí» a través de todo lo que hacemos y padecemos para así glorificar al Sabio en nuestra vida cotidiana.

A esta especie de decir sí o, mejor, de vivir el sí pertenecen el valor y la serenidad. De manera acertada estas dos actitudes aparecen unidas con la sabiduría en la conocida oración de Alcohólicos Anónimos: «Dios, concédeme la serenidad para aceptar las cosas que no puedo cambiar, el valor de cambiar las cosas que puedo cambiar y la sabiduría para diferenciar unas de otras».

47

Al-Wadūd

El Afectuoso, que todo lo abraza con su amor

Es verdad que llamar a Dios el que todo lo comprende significa ya que es el amor de Dios el que todo lo abraza, pero es importante para nuestro sentimiento expresar esto aún con toda claridad denominando a Dios el Afectuoso, que todo lo abraza con su amor. Al decir esto, es importante no dejar de recordar que el amor puede ser entendido como un sí radical a la pertenencia. Ya nuestra reflexión sobre la realidad nos conduce en último término a dos hechos que no admiten un cuestionamiento ulterior, el *sí* y la relación *Lo que es, es*, o sea, en una palabra, *sí*, y *Todo está interrelacionado con todo*, o sea, con otra palabra, *relación*.

¿Has observado ya cómo todo lo vivo crece cuando alguien le presta atención con amor? Puedes hacer la prueba: sobre todo con niños, pero también con conejillos de Indias o con cactus. Nuestros patos corredores en el jardín del convento son un buen

ejemplo: viven del amor... y naturalmente de caracoles. ¿Qué ser vivo puedes hacer tú hoy que se desarrolle mejor abrazándolo con el amor del Afectuoso*... y solo así devenir tú mismo enteramente vivo?*

48

Al-Majīd

El Glorioso

Aparentemente, no son pocos los nombres de Dios que recuerdan los títulos de honor que los poderosos gustan que se les otorgue. De ellos forma parte también «el Glorioso». Pero hemos de mirar más a fondo. Los nombres de Dios expresan evidencias que conocemos de nuestra vida interior, o que obtenemos de nuestro encuentro con la Creación. Nombramos así al Glorioso porque la naturaleza se nos aparece gloriosa en su belleza. La palabra más emparentada con este nombre sería, por tanto, *belleza*. Nos referimos a una belleza radiante cuando decimos de algo que es «glorioso», y esto debería sobreentenderse siempre que denominamos a Dios el Glorioso.

¿Por qué es esto importante? Porque de la bondad y de la verdad de Dios se habla a menudo, pero la belleza de Dios se descuida con harta frecuencia; y esto significa que nuestro sentimiento se queda demasiado corto. El bien atrae a la voluntad, la verdad satisface al entendimiento, pero la belleza se dirige al sentimiento y hace que todos nuestros sentidos se regocijen. Esto hace de la belleza, en comparación con todo lo demás, esa gota de miel con la que, como es sabido, se cazan más moscas que con un barril entero de vinagre. El GLORIOSO, o sea, el que es radiantemente bello, es un Dios por el que pueden entusiasmarse los seres humanos.

¿Puedes contemplar hoy algo bello, escucharlo, olerlo, saborearlo o sentirlo de alguna otra manera? Propóntelo y proponte también, cuando lo hagas, abrirte con toda conciencia al GLORIOSO.

49

Al-Bāʿith

El Despertador de los muertos, que el Día del Juicio llamará a los hombres de nuevo a la vida

Para entender este nombre de Dios tenemos que acudir al ámbito de las representaciones mitológicas. Pero volveremos de ahí con conocimientos que muestran su validez y su utilidad en nuestra vida cotidiana. La comprensión mítica de la muerte ve en ella un sueño del cual el Despertador el «Día del Juicio», esto es, el último día, llama a la vida en vela. Esta imagen envuelve un especial conocimiento: que Dios está más allá de la muerte y de la vida, incluso más allá del tiempo, a saber, en el ahora eterno; y, sobre todo, que Dios quiere regalarnos una parte en la vida carente de tiempo, esto es, en la vida que no tiene fin. La acción de despertar es una delicada imagen del hecho de que la verdadera vitalidad comienza cuando nos relacionamos con Dios en estado de vigilia.

Pero ¿por qué habríamos de esperar y despertar solo al final de los tiempos? Hoy mismo podemos ya encontrarnos con el Despertador cuando nos paramos a pensar y tomamos conciencia de cuántas cosas hay en nuestra vida que no solo pertenecen al tiempo, y que, por tanto, no son efímeras. Toda auténtica relación íntima entre las personas supera el tiempo, pues alcanza hasta el eterno misterio. Cuanto más conscientemente estemos en casa en ese ámbito supratemporal de nuestra vida, tanto más vivientes nos hace el Despertador. Quien solo vive en el tiempo, ese ya está muerto ahora. Cuanto más vivamos en relación con Dios, tanto más dejamos atrás lo efímero... ¡Sí, ya ahora!

Puedes cerrar los ojos, inspirar hondo y darte cuenta de cómo te vivifica esa realidad misteriosa que llamamos la vida. Acuérdate ahora de que el Gran Misterio no es una realidad impersonal, mecánica, sino tu Tú originario, y el Despertador *no dejará de proporcionarte un pequeño gusto previo de la dicha de una vida vivida en plena vigilia, que es tu destino supratemporal.*

50

Ash-Shahīd

El Testigo

En medio de la grave enfermedad que había de conducirla pronto a su muerte, mi madre en cierta ocasión se dirigió a mí y me dijo casi en tono festivo: «Ya ves cuánto estoy sufriendo». Solo más tarde —antes tuve que madurar mediante mi propio sufrimiento— se me hizo claro lo que había vivido en el caso de mi madre: el sufrimiento más intenso nos precipita por añadidura en un sentimiento de completo abandono. Un abismo insalvable parece separarnos de la vida normal en el mundo de los sanos. No es que deseemos entonces que otro haya de sufrir lo mismo que nosotros, pero sí anhelamos a alguien que al menos sepa de la severidad de nuestro sufrimiento: un testigo, pues. No se trata, para nosotros, de hechos, sino de empatía, no de alguien que constata, sino de un Testigo que toma parte y comparte.

Recordemos: quien habla de «Dios» señala con esta palabra a la evidencia de que la realidad última no es impersonal, sino que estamos en una relación personal con ella y que podemos cultivar esa relación. Quien denomina a Dios el Testigo pone en esta denominación su confianza de que, en virtud de nuestra relación personal con el fundamento originario de toda realidad, todo lo que para nosotros es importante, incluso el sentimiento del más extremo abandono, es respetado, dignificado y salvado en el ahora eterno.

¿Anhelas que se fije en ti alguien a quien le importe algo cómo te va? ¿Hay alguien quizá que precisamente hoy espera de ti que seas para él testigo? El Testigo nos mira a menudo a través de ojos humanos y a menudo solo a través de nuestros semejantes se nos hace verdaderamente presente.

51

Al-Ḥaqq

El Verdadero

«¿Qué es la verdad?». Desde tiempos inmemoriales, los filósofos se devanan los sesos con esta pregunta. No se trata ahí de tal o cual verdad, sino de la verdad a secas. Tan pronto como expresamos un conocimiento verdadero, este ya no es más que una verdad parcial, pues las palabras y los conceptos nunca pueden aprehender el todo. El corazón humano, empero, añora la verdad que todo lo comprende, y esta solo podemos adivinarla más allá de palabras y conceptos.

La palabra *Dios* señala a una realidad indubitable, al igual que el «hay» en la innegable constancia de que «me hay». Incluso quien niega a Dios no puede negar este «hay», por ejemplo, en el enunciado «No hay Dios». Aquí se pone en duda lo que uno se representa bajo «Dios». Pero en este enunciado está también el «hay». Y este «hay», bien entendido, señala precisamente al Gran Misterio que todo lo da porque todo proviene de él. Y el Gran Misterio también es llamado «Dios». El «hay» todo lo comprende, es irrepresentable, necesario al pensamiento, no ilógico, sino supralógico e indubitable. Desde todos estos puntos de vista se llaman Dios o el «hay» el VERDADERO.

¿Puedo proponerte un juego que podría ayudarte a proseguir por ti mismo estos pensamientos? Di simplemente «Hay...», y concluye la frase con lo primero que se te ocurra: luciérnagas, trasplantes de corazón, objeción de conciencia. Luego repite la frase e intenta establecer la conexión entre lo que se te haya ocurrido y el «hay», el origen de todo. Quizá se convierta esto en algo más que una mera reflexión, quizá incluso en una especie de asombro ante el misterio.

52

Al-Wakīl

El Confiable, el Auxiliador y Guardián

Creer, no lo olvidemos nunca, significa radicalmente confiar. Así pues, quien cree en Dios se refiere ya, sin formularlo expresamente, al Confiable. Cuando pronunciamos este nombre, subrayamos con él que confiamos en Dios. Al mismo tiempo, este nombre señala una distinción importante: la distinción entre creer como tener por verdadero y creer como confiar. Cuando creo algo, confío en último término en mí mismo, en mi sagacidad y en mi capacidad de juicio.

Cuando, por el contrario, creo en alguien, entonces *me dejo estar* en el otro, me fío de él. ¡Qué expresión más afortunada! Quiere decir que dejo el ámbito en el que hago juicios sobre cosas y *me dejo entrar* en una relación de confianza enteramente personal. Mi yo es algo que siempre anda en algo; pero mi mismidad es persona, y ahí se trata de una relación personal, en último término de la relación con Dios.

La relación personal es siempre recíproca. Llamar a Dios el Confiable presupone que damos, que obsequiamos nuestra confianza a Dios. Dios, a su vez, nos obsequia con su confianza, y esto de dos maneras distintas. Dios no decepciona nuestra confianza, este es uno de sus grandes obsequios. Además de esto, Dios nos regala un libre espacio de juego: Dios, que nos obsequia con la libertad, nos da prueba de este modo de su máxima confianza.

Piensa en las relaciones con tus amigos: ¿cuál de las dos mitades del obsequio de confianza te resulta más fácil? ¿Demostrar que eres digno de confianza... o concederles confiadamente un espacio propio? También para las relaciones entre padres e hijos pueden ser de ayuda estas cuestiones.

53

Al-Qawiy

El Fuerte

Ningún ser humano está en condiciones de mostrarse digno de la más inquebrantable confianza de otro. La culpa de esto no la tiene la infidelidad, sino la inconstancia, si no la inconstancia de la voluntad, sí al menos el hecho de que nuestra vida está en permanente transformación y de que tiene una persistencia limitada por la muerte. Esta debilidad de la capacidad humana de merecer confianza nos permite, en contraposición con ella, llamar a Dios, a quien conocemos como el fiable, digno de confianza y potente, ahora también el Fuerte. Aquí hemos de recordar una vez más que con todos estos nombres de Dios no se trata tanto de representaciones de Dios, sino de la relación con Dios, de la relación de mi yo con el Tú divino. Así pues, se trata aquí también de la relación de mi debilidad con Dios el Fuerte. Puedo entonar este canto: «Quiero quererte, Fuerza mía». Y, puesto que el amor es el «sí» recíproco a la pertenencia mutua, mi pertenencia al Fuerte me hace fuerte a mí mismo con una fuerza que salva toda inconstancia con un «sí» eternamente válido.

¿Un «sí» eterno? ¿Cómo iba a ser eso posible para mí, aquí en el tiempo? Es posible si este «sí» lo digo yo mismo, *no solo mi* yo, *pues mi mismidad vive en el ahora, y el ahora alcanza más allá del tiempo y penetra en la eternidad. Cuanto más me ejercito en ese vivir conscientemente en el ahora, tanto más alcanzan también mis relaciones más allá del ámbito limitado por el tiempo.*

54

Al-Matīn

El Firme, el Duradero, el único verdaderamente robusto

De manera acertada describe Rilke un modo fundamental de hallarse el ser humano:

> *Con temor añoramos un sostén,*
> *demasiado chicos, a veces, para lo viejo,*
> *demasiado viejos para lo que nunca fue.*

Por anhelo de un sostén, pues, buscamos lo verdaderamente Firme, lo Duradero, pero no lo encontramos en un mundo en el que todo fluye, en el que todo cambia y se deshace, en el mundo de los objetos. Y, no obstante, también tenemos acceso a otro mundo o, mejor dicho, a otra dimensión del mundo uno: al mundo del presente. Nuestro yo vive como un objeto entre objetos que pasan todos con el tiempo. Pero nuestra mismidad vive en el ahora, en la presencia del Tú, y esta relación permanece intemporalmente. Cuanto más cuidamos nuestra relación con el gran Tú, hacia el que nuestra mismidad está dispuesta desde su más íntima intimidad, con tanta más claridad podemos hacer la vivencia de este Tú como el FIRME, el Duradero, que tanto anhelamos.

¿Y cómo nos las apañamos prácticamente, en el día a día, para vivir referidos a un tú? Martin Buber nos aconseja tener en cuenta, por de pronto, la diferencia entre aprovechamiento impersonal y relación personal. Luego podemos convertir esta relación yo-tú, frente al aprovechamiento yo-eso, cada vez más en nuestra actitud fundamental, incluso hacia plantas, animales y objetos, pues incluso estos pueden llegar a ser ocasión para el encuentro con el gran Tú. Procura pasar hoy unos pocos momentos en silencio con alguna cosa, lo suficiente como para que adivines en este objeto la presencia del FIRME.

55

Al-Walī

La protección, el amigo, **el Protector**

Proteger significa originalmente rodear algo con un muro o preservarlo con un dique de la inundación. En este sentido, los amigos son una protección el uno para el otro porque se cubren mutuamente las espaldas. Pero ¿de qué nos protege el que está misteriosamente presente, a quien llamamos protección, amigo y Protector? Nos protege, tal es nuestra confianza, de todo lo que puede dañarnos.

Pero, podemos seguir preguntando, ¿este amigo toma solo a sus amigos bajo su protección, solo a aquellos que confían en él y que se confían a él? ¿Acaso una madre debería proteger solo a aquellos de sus hijos que expresamente le pidan protección? Por supuesto que no. ¿Por qué entonces deberíamos imaginar que Dios elige a quién merece su protección y a quién no? Ya el solo hecho de que podamos confiarnos conscientemente al Protector nos protege de lo peor, pues también a nuestros amigos los protege de lo peor, a saber, de la soledad, cuando saben que estamos con ellos y que vamos a seguir a su lado, aunque no podamos impedir que les ocurra algo.

No puedo olvidar un caso que viví en primera persona. David Givens era alguien querido entre sus compañeros de colegio, aunque estos a veces se burlaban sin mala intención de que, comparado con ellos, vivía como un monje. No se le pasaba por la cabeza predicar, pero algo los transformaba cuando estaba entre ellos. Un viernes por la tarde, iba David con una pandilla de jóvenes achispados en un coche que se estrelló contra un árbol. Sobrevivieron todos; solo David murió. En un bolsillo de su pantalón encontraron una cita de la Biblia escrita de su puño y letra: «Nadie tiene un amor más grande que el dar la vida por sus amigos (Juan 15,13)». De qué maneras tan distintas puede un amigo ser protección para nosotros... y a través de nosotros para nuestros amigos.

56

Al-Ḥamīd

El Loable, a quien corresponde toda gratitud

«¡Celebrar, esto es!». Con esta exclamación, que asemeja un toque de trompeta, comienza Rilke uno de sus poemas y resume así, en tres palabras, el sentido y la finalidad de nuestra vida humana, pues este celebrar es nuestra auténtica tarea en la vida, y cuando la cumplimos, nuestra vida tiene sentido. Naturalmente, «celebrar» no quiere decir en este contexto entonar himnos de alabanza; significa más bien una existencia intensificada hasta el canto, pues «canto es existencia», dice el poeta.

Así, un puñado de tierra de jardín celebra la existencia por el simple hecho de ser. Una col celebra por el hecho de verdecer; la oruga que la mordisquea, porque así se ceba, y la muchacha que viene con el cuchillo para cosechar la col celebra con su arte de cocinar. Todo lo que hay *celebra* sencillamente por existir, realizándose y desarrollándose. Pero ¿qué o a quién celebramos por todo lo que en la vida pensamos, hacemos y padecemos?

La respuesta es: al todo. «¡Mira al todo: celebra el todo!», dice Agustín. Solo con vistas al todo podemos reconocer la existencia como algo merecedor de alabanza. Y cuando, con los ojos del corazón, miramos al corazón del todo —bajo la perspectiva, pues, de nuestra más íntima relación personal—, podemos conocer en él al LOABLE.

Conoces sin duda por experiencia la diferencia entre esa mirada con la que observas meticulosamente una cosa y esa otra, completamente distinta, con la que te encuentras con alguien mirándole a los ojos. Sea lo que sea lo que contemples con esta mirada entre un yo y un tú, te parece loable: desde la florecilla más pequeña hasta el todo del ser omnicomprensivo. ¿Cuál de las dos mira más profundamente? ¿De qué modo de ver quieres fiarte en última instancia?

57

Al-Muḥsī

El que todo lo registra

Más de una vez aparecen en esta lista nombres de Dios que señalan al testigo fiel que el corazón humano anhela: el Sabedor, el Oyente, el Vidente, el que guarda en el recuerdo, el conservador de los actos, el Testigo y, ahora, El que todo lo registra. Detrás de esto está la imagen de un biógrafo a quien todo, hasta el más nimio detalle de la vida privada, le parece tan significativo que merece ser registrado y perpetuado.

Se trata seguramente, en todos estos nombres, de variaciones del gran tema unitario del Tú eterno, que se hace consciente a nuestro yo humano tan pronto como despertamos a la conciencia; de ese Tú que me otorga la posibilidad de decir «yo».

Aquí también suena un pasaje bíblico: en el profeta Isaías nos dice Dios: «Mira, en las palmas de mis manos te tengo esculpida...» (Isaías 49,16). Tatuados, grabados, amorosamente nos ha inscrito en sus manos El que todo lo registra. Somos inolvidables para Dios, así dice este nombre de Dios.

Ciertamente, esto es lo que nuestro corazón desea para sí. Pero ¿es esto realidad o tan solo castillos en el aire? Tenemos que encarar esta pregunta decisiva, en cualquier encuentro personal que nos parezca demasiado bonito como para ser verdadero. Detrás de todo tú, a fin de cuentas, se oculta nuestro tú originario en el fundamento del Gran Misterio. ¿Puedes confiarte al amor humano? Si la respuesta es sí, entonces has decidido ya que El que todo lo registra *es real, pues la realidad es de una pieza, y quien salta dentro de ella cae hasta el fondo, da igual lo profundo que se lo imagine.*

58

Al-Mubdi'

El Iniciador de todo

Los niños, a determinada edad, son dados a preguntar incansablemente de dónde vienen las cosas. Cuando empezamos a pensar, éramos todos pequeños filósofos y lo que nos impulsaba a hacer preguntas filosóficas era el asombro. Ya Platón sabía que la filosofía empieza con el asombro, y de niños todavía podíamos asombrarnos de verdad de que haya algo y no nada.

Los adultos han olvidado en su mayoría este profundo asombro que hace a los niños preguntar de dónde venimos nosotros mismos, es más, de dónde viene todo. Así pues, tenemos primero que volver a aprender a hacer, llenos de asombro, la pregunta por el origen. Pero como nuestro pensamiento se halla ahora tan enredado en el pasado y el futuro, existe el peligro de que nos representemos el origen del que ahí se trata como un punto temporal en el pasado, acaso como un estallido originario. Hemos de proceder con mayor radicalidad y preguntar dónde tiene su origen el tiempo mismo, a saber, en el ahora. A esta realidad supratemporal, que de esta forma salta de cabeza en el tiempo, es a la que nos referimos con la denominación el Iniciador de todo.

Acuérdate de algo que viviste en el pasado. Por muy distante que esté, ¿no se convierte, en el recuerdo, en ahora? También cuando advenga el futuro, lo hará como ahora. En la esfera de un reloj no comparece este ahora en el que tenemos nuestra auténtica existencia. Rilke dice:

Y avanzan a pasitos los relojes
a la vera de nuestro día auténtico.

Si consigues sumergirte en el infinito quieto ahora, junto al cual el tictac de los relojes no hace sino dar sus cortos pasos, podrás presentir al Iniciador de todo. *¿Cuándo fue la última vez que te asombraste en el ahora? ¿Dónde podrías encontrar hoy algo de lo que poder asombrarte?*

59

Al-Muʿīd

El Restaurador, el que despierta todo de nuevo a la vida

Topamos con este nombre de Dios cuando partimos del anterior, pero cambiando la perspectiva. Al Iniciador de todo solo podemos encontrarlo en el ahora intemporal, pues él da inicio al tiempo. Tenemos acceso a este ahora, ya que nuestra mismidad vive en el ahora. A la vez, empero, nuestro yo vive en el tiempo, y por eso podemos considerar al iniciador de todo también desde la perspectiva del tiempo como Aquel que todo lo inicia una y otra vez, como el repetidor, el Restaurador, pues la repetición es la imagen especular de lo eterno en lo temporal. Una imagen de lo uno en lo múltiple es también la luna, que siendo una tiene su reflejo en innumerables gotas de agua.

Del mismo modo que podemos ver como un regalo del iniciador de todo el hecho de que nosotros existamos, así también el Restaurador nos obsequia la posibilidad de transformarnos, crecer y desarrollarnos. Es así como debemos también entender el tiempo: el presente eterno está tan inagotablemente pleno de posibilidades que el Restaurador nos ofrece a cada instante siempre nuevas ocasiones. Cada instante, así pues, es una misteriosa intersección de inicio y repetición, de eternidad y tiempo.

Todo instante es en el ahora eterno, pero a la vez está también en el tiempo. Así, cada instante nos da la oportunidad de empezar de nuevo. ¿Estás dispuesto a mostrarte agradecido por el regalo del Restaurador *no dejando pasar esta oportunidad? ¿Y con qué hacer hoy un nuevo inicio?*

60

Al-Muhyī

El que da la vida

El nuevo inicio, para el que cada instante nos regala la ocasión, es inicio de una nueva vitalidad. Pero ¿cómo se manifiesta la vitalidad? Mediante la realización de relaciones. Antes de que podamos hablar de la vida, un ser vivo tiene que mostrar tres tipos de relaciones, que en calidad de vivientes conocemos por propia experiencia:

1. La relación de la existencia efectiva con la mera posibilidad de ser. Es lo que tenemos en común en cuanto vivientes con los seres inanimados: existimos, *nos hay,* y este «hay», junto con la percepción de este *habernos,* de nuestro estar dados, representa una relación originaria.

2. La relación de lo interior con lo exterior. Desde un aspecto puramente físico, esto ya es una característica de los seres vivos más simples: el hecho de que tienen un interior y de que este define su exterior como tal e interactúa con él. En todos los estadios ulteriores, la vitalidad

se realiza mediante formas cada vez más complejas de esta interacción de dar y tomar.

3. La relación de lo ya dado con lo todavía posible. Esta tercera relación crea el espacio para el crecimiento y el desarrollo.

Así pues, dado que mi vitalidad se cumple como un constante tomar y dar, puedo llamar a Aquel a quien en todas estas relaciones encuentro insondable frente a mí El que da la vida.

¿Tiene esto un tono filosófico y seco? Quizá. Pero, si lo trasladamos a la vida, entonces introduce una diferencia inmensa entre un mero ir tirando y la aventura de la relación más profunda posible para nosotros humanos: nuestra relación con El que da la vida*. Como ser humano me vuelvo tanto más vital cuanto más personalmente entiendo mis relaciones: las relaciones con el misterio de mi origen, con el mundo de mi entorno y con el mundo de mi prójimo, y, a través de la superación de mí mismo, también con mis propias posibilidades aún no realizadas.*

61

Al-Mumīt

El que mata, en cuya mano está la muerte

Vivir y morir van inseparablemente unidos. Por ello, el que da la vida es también El que mata. Estos dos nombres de Dios remiten a dos aspectos polares de una y la misma realidad innegable. Es importante por dos razones tener a la vista ambos aspectos: primero, porque solo de ese modo podemos vivir vigilantes y contentos; y segundo, porque de ese modo aprendemos a morir confiadamente. Solo quien dice sí al morir da un sí pleno a la vida, aunque solo sea porque tenemos que dejar ir completamente cada instante para poder disfrutar plenamente el siguiente. Y este dejar ir es un morir a lo pasado para vivir enteramente en el ahora. Si no dejamos ir, una parte de nosotros queda prendida al pasado; entonces estamos escindidos y vivimos solo a medias.

Cuanto más practicamos el dejar ir, tanto más fácilmente se vive... y tanto más fácilmente se muere también. Es cierto que la muerte sigue siendo para nosotros un misterio, pero todo lo que necesitamos para prepararnos bien para ella nos lo enseña nuestra experiencia cotidiana. Cuando antes de quedarnos dormidos dejamos ir y morimos para el hoy, nos despertamos a la mañana siguiente más alegres y más libres de preocupaciones. ¿No debería este ejercicio hacernos más fácil el dejar ir confiadamente también en nuestra hora postrera?

Estamos dispuestos a admitir que suena extraño confiar en El que mata. *Vivir y morir, empero, son un dato que no admite discusión. Solo nos queda entonces la elección de rebelarnos contra lo que nos viene dado o acogerlo de manera confiada y agradecida como un don. La rebelión, en primer lugar, no sirve para nada, y encima no solo convierte la muerte en un suplicio, sino la propia vida. Todos los dones del que da la vida muestran ser, antes o después, buenos. Lo mismo ha de decirse de los dones* del que mata, *pues ambos son denominaciones de una y la misma realidad, completamente inescrutable para nosotros.*

62

Al-Ḥayy

El Viviente

Una y otra vez se hace perceptible en los 99 nombres de esta lista el asombro ante el misterio de la vida. No debe sorprendernos esto, pues el nombre «Dios» señala a nuestro encuentro con lo que es insondable para nosotros. Y no hay misterio más insondable para nosotros que la vida. Todos estos nombres de Dios descomponen este misterio insondable en sus múltiples aspectos, igual que un prisma descompone la luz solar en colores distintos.

El encuentro con este misterio insondable se nos da como un regalo, se cumple en nosotros y, así y todo, permanece en último término inconcebible para nosotros, porque nuestro entendimiento, con su capacidad de concebir, es tan solo un aspecto de nuestra vitalidad, igual que lo son nuestra corporalidad, nuestra sensibilidad y nuestra voluntad. Otros nombres de Dios, como, por ejemplo, «el que da vida», nacen de esta experiencia de que la vida nos ha sido regalada. Cuando ante seres humanos vivientes nombramos a Dios el VIVIENTE, nos aproximamos a tientas al obsequio de nuestra participación en una vitalidad que supera infinitamente nuestra facultad de representación.

Se cuenta del apóstol Pablo que mostró su acuerdo con la sentencia de un poeta griego que decía de Dios: «En él vivimos, nos movemos y somos» (Hechos 17,28). ¿Encuentras presuntuosa una intimidad así de nuestra relación con Dios? Respira hondo. Siente tu vitalidad. Permítete el asombro reverente ante la misteriosa fuerza originaria que obra en ti sus efectos y que, sin embargo, va infinitamente más allá de ti. Es a lo que nos referimos con el VIVIENTE.

63

Al-Qayyūm

El Eterno

Vivimos en el tiempo, pero también conocemos algo a lo que llamamos eternidad: el polo opuesto al tiempo. La eternidad permanece, el tiempo transcurre y se gasta. Es cierto que el tiempo es un regalo, pues nos permite empezar siempre de nuevo y nos obsequia una ocasión tras otra. Y, sin embargo, añoramos la eternidad, anhelamos, en medio de la caducidad, lo perdurable. Conocemos el ahora como intersección del tiempo y de la eternidad. Porque en el ahora participamos de una realidad que no está sometida al tiempo, sabemos que nuestra existencia se eleva por encima del tiempo.

Hay muchos instantes, pero solo un único ahora, al que cada instante nos brinda acceso. Los muchos instantes son como puertas que se abren al aire libre, al ahora uno. En cada una de estas puertas acontece un encuentro, realmente tiene lugar un intercambio. No solo nos abren la perspectiva hacia una dimensión extratemporal, sino que, desde fuera, penetra la luz y baña hasta el menaje más humilde de nuestra temporalidad con un resplandor de eternidad. A este portón del ahora nos tenemos que atrever a asomarnos para sentir verdaderamente esa fuerza que, personificándola, denominamos el Eterno.

Experimentamos el tiempo como un nacer y un perecer, pero la vivencia del ahora es la de una realidad cumplida. Mi perecer en el tiempo no lo puedo parar, pero la realización de mí mismo en el ahora puede contrapesarlo. Al servicio de esto estará todo método espiritual que conduzca al ahora, al encuentro, por tanto, con el Eterno. *Y en tu día a día ¿qué te conduce con el menor esfuerzo al ahora?*

64

Al-Wājid

El que da la existencia

Al nombrar a aquella realidad última, que nos importa en calidad de humanos, suceden dos cosas: tomamos conciencia de un Poder Superior en nuestra vida, y entramos confiadamente en una relación personal con él al dirigirnos a él con nombres.

El primero de estos dos pasos es obvio. El Poder Superior que mentamos aquí es cognoscible de un modo enteramente objetivo. Tan pronto como empezamos a reflexionar sobre la fuerza originaria en el universo a la que nosotros mismos debemos nuestra existencia, se nos hace claro que aquella tendrá que ser tan real al menos como todo lo que ella causa. Si luego, además de nuestra perspectiva de conocimiento, hacemos intervenir nuestra perspectiva de encuentro —lo cual es un paso siempre necesario para ver la realidad como un todo—, nos haremos conscientes de este Poder Superior como de un Alguien misterioso enfrente de nosotros al que llamamos Dios. Lo llamamos por un nombre, no porque lo personifiquemos mediante nuestra imaginación, sino porque reconocemos deberle el hecho mismo de tener imaginación y de ser persona. Y, al confiarnos personalmente a este Poder Superior, nos sale al encuentro ese Tú que hace posible la conciencia del yo.

Así pues, mediante la unión de estos dos modos de vivencia, el conocimiento y el encuentro, el Poder Superior, que podemos conocer objetivamente, se vuelve para nosotros El que da la existencia, al que nos es dado encontrar personalmente.

¿Por qué es importante ejercitar no solo nuestra perspectiva de conocimiento, sino también nuestra perspectiva de relación? Sobre todo, porque de ese modo el mero pensar se transforma en agradecer. La gratitud, empero, es la llave para la alegría de vivir. ¿Quieres experimentar con esto? Por ejemplo, deja caer una moneda al suelo, rodar y pararse. La ciencia sabe decir muchas cosas sobre la gravedad, pero esta sigue siendo a fin de cuentas un dato inexplicable, una de las fuerzas en el entramado armónico que sostienen tu existencia. Ya solo el asombro a ese respecto te hace más distinguido. Pero lo gratitud por el hecho de ser sostenido por El que da la existencia *puede siempre regalarte una alegría nueva: ¡una alegría que tú puedes regalar a otros!*

65

Al-Mājid

El Célebre

Un punto de partida para muchos nombres de Dios distintos es el asombro; otro, la gratitud. Ambos sentimientos están connotados cuando llamamos a Dios el CÉLEBRE. Cuanta mayor es la atención con la que contemplamos el mundo, tanto más digno de asombro se nos vuelve todo lo que hay. Y, si de nuevo *cambio de lente* y dejo que mi contemplación se convierta en encuentro, entonces al asombro sobre lo dado se añade la gratitud: gratitud por que cada circunstancia dada sea realmente un regalo, por que se me haya regalado a mí.

Cuando esto hace cantar a mi corazón, me inclino agradecido ante la fuente insondable de todos los dones y alabo con asombro todo lo que de ella mana. Pero también yo mismo broto de esa fuente y mi alabanza brota de ella. Pertenecemos a esta plenitud: fluye en nosotros y a través de nosotros, aunque nos sobrepasa infinitamente. El CÉLEBRE mismo me llena ojos, corazón y boca de celebración, pues Dios no solo es glorioso, sino que al mismo tiempo glorifica. Y nada nos une más íntimamente con el Célebre que un agradecido y asombrado celebrar.

¿Se te ocurre una cosa, un ser vivo o una creación del espíritu humano que admires sinceramente? ¿Un paisaje, un profesor, un poema? Tómate tu tiempo hoy para, por de pronto, simplemente admirarlo, y luego ve tomando conciencia de lo que se te regala con eso. Lo que al hacer así sientes crecer en ti es la celebración procedente de la plenitud del Célebre.

66

Al-Wāḥid

El Uno

Oh tú, boca de fuente, dispensadora boca,
que lo Uno, lo Puro inagotable dice.

Este es el asombro del poeta ante una de esas fuentes antiguas de cuya boca en forma de máscara, en ciertos lugares y desde hace siglos, se viene vertiendo un ininterrumpido caudal de agua en la pila de mármol abajo. Pero es claro que, detrás de esta imagen, el poeta ve mucho más de lo que a primera vista parece. Esto se anuncia ya en el tono elevado del lenguaje y en el tratamiento festivo. Las palabras del poeta están dirigidas en puridad, mucho más allá de la fuente, al origen de toda realidad. Así de profunda es la escucha del poeta, y por eso oye *inagotablemente lo Uno*. También nosotros, a pesar de la diversidad de nuestros encuentros con la realidad, podemos a veces tener conciencia de que, en último término, no estamos frente a una multiplicidad, sino que enfrente hay uno solo, al que por eso denominamos el Uno. Somos especialmente receptivos a esta evidencia en aquellos instantes en los que escuchamos con el corazón atento las cosas vividas en lugar de contarlas, medirlas, juzgarlas y encuadrarlas en nuestra experiencia. En esa actitud de arrobamiento —en vez de en una de comprensión— podemos luego experimentar dos cosas: que nosotros mismos somos uno con el Uno y que esta conciencia sana y reconcilia nuestro interno estado de división.

Recuerda con viveza y con todo detalle una vivencia conmovedora en la naturaleza, en una relación humana, en el arte. ¿No fuiste a continuación tú mismo, de una nueva manera, más acorde contigo mismo? Necesitamos los conceptos y el concebir para tener bajo control nuestra vida cotidiana, pero podemos desperdigarnos en la diversidad si no prestamos atención a esos instantes de arrobamiento en los que encontramos al Uno y devenimos íntegros y salvos.

67

Al-Ahad

El Único

Mucho daño se ha hecho ya por haber entendido mal este nombre de Dios, pues con demasiada frecuencia se usó el ÚNICO para contraponerlo a «todos los demás». Apenas hay un malentendido peor que este. Bien entendido, el ÚNICO comprende a todos los que aún cabría mencionar. Así que, propiamente, no hay tales otros. También con cualquier otro nombre, solo puede mentarse siempre al ÚNICO. Quien, en este sentido, llama a Dios el ÚNICO se obliga, al hacer así, al más profundo respeto hacia todas las religiones, pues reconoce que, a pesar de la diversidad de la comprensión propia de cada una, sin embargo, solo señalan siempre a un ÚNICO.

¿Cómo iba a ser de otro modo? Quien se limita a repetir como un loro los nombres de Dios que ha aprendido de otros, ese solo mienta nombres, no los nombra en realidad. Alguien así se comporta como quien menciona a las personalidades apreciadas de su círculo de conocidos para causar buena impresión. Al nombrar le pertenece esencialmente la relación personal. Nombrar de verdad significa, por eso, expresar con la ayuda de los nombres de Dios tradicionales nuestra propia experiencia de Dios. Pero este percatarse hondísimo, por ejemplo, en las experiencias cumbre, ha de ir acompañado de conformidad con la experiencia por la comprensión de que la realidad última es única.

Hoy día ya no hace falta viajar lejos para tener la experiencia de que los seres humanos entienden y veneran al Único de maneras muy distintas. En cualquier ciudad un poco grande pueden verse hoy, a poco que nos fijemos, iglesias y templos de todo tipo juntos unos al lado de otros. Todas las religiones de la humanidad son nuestro patrimonio común. ¿Anda cerca de ti un niño cuyo corazón puedas abrir sin muchas palabras, mediante tu propio corazón abierto, a este patrimonio? Esta riqueza es mucho más valiosa que una libreta de ahorro con muchos dígitos.

68

Aṣ-Ṣamad

El Fondo sin fondo de todo ser

Con los nombres de Dios trátase, a decir verdad, de ensayos balbucientes de invocar a la realidad última más que solo nombrarla. La denominación quiere integrar en un orden lo nombrado. Pero ¿en qué sistema habríamos de incorporar el basamento de todo orden? Las cosas las designamos, pero a las personas nos dirigimos con un nombre. Y es que hay dos especies de denominación: o bien de perfil, que es como se denomina lo impersonal, o bien cara a cara con un tú.

Los amantes se dan uno a otro, como jugando, siempre nuevos nombres. Es de esta clase de nombrar de la que se trata en el caso de los nombres de Dios. Por eso, solo encuentran una plena resonancia cuando les anteponemos un «Tú». Así que no será propiamente «el Compasivo», sino «Tú Compasivo, tú te compadeces de mí»; no «el Oyente», sino «Tú, Oyente, tú me oyes». Y también aquí: Tú, Fondo sin fondo de todo ser, en ti mi propio ser está fundado en infinita hondura. Con ello nos dirigimos al Gran Misterio, nuestro Tú originario, barruntando que este Tú sobrepasa infinitamente el ser mismo, porque ni tiene ser ni es el ser, sino que aquí bebemos de la fuente del ser. De lo que aquí se trata —y es esto lo decisivo— es de una vivencia, que palabras y nombres intentan interpretar tan solo con retraso.

El poeta místico Gerhard Tersteegen habla a este Fondo sin fondo de todo ser. *¿Puedes sentir estas líneas... de corazón?*

Aire que todo lo llena,
en el que flotamos siempre,
fondo y vida de todas las cosas.
Mar sin fin y sin fondo,
maravilla de las maravillas,
en ti me hundo.
Yo en ti,
tú en mí,
déjame desaparecer por entero,
solo a ti ver y encontrar.

69

Al-Qādir

La Providencia

En contraposición a otros nombres de Dios, que proceden de la vivencia del encuentro con Dios, un nombre como Providencia surge mediante la reflexión, la interpretación y la formulación cuidadosa. El punto de partida que se atiene a la vivencia quiere recordárnoslo un cántico que dice:

Alaba al Señor, que con gran esplendor lo rige todo,
que te ha conducido sobre alas de águila a un seguro cobijo,
que te da el sustento como a ti te place;
¿no has sentido esto?

La imagen poética del «cabalgar a través de las nubes sobre alas de águila» quizá nos resulte ajena, pero a la pregunta «¿no has sentido esto?» probablemente respondamos: sí, lo sentimos en cuanto despertamos y empezamos a asombrarnos de cómo nuestra existencia, tan vulnerable y amenazada, es portada por la vida. Bellamente se alude aquí a ambas cosas: por una parte, el ser portado, llevado y sustentado; por otra, nuestra libertad, con las palabras «como a ti te place». Una visión tan llena de confianza puede dar sentido a la historia de nuestra vida. Seguramente, podemos entender también la PROVIDENCIA como una personificación. Entonces Dios es, en cuanto PROVIDENCIA, nuestra madre, que nos obsequia, en su justa medida, las dos cosas que necesitamos para desarrollarnos llenos de confianza: protección e independencia.

Si permanecemos tan cerca de la vivencia —y estamos autorizados a hacerlo, pues llamar a Dios por su nombre significa orar, no especular intelectualmente—, entonces podemos denominar a la fuente de la vida PROVIDENCIA, *sin enredarnos en la broza filosófica de la libertad de la voluntad y de la predeterminación. La frase importante para la paz de nuestro corazón es: «¿Tú mismo, no has sentido esto?».*

70

Al-Muqtadir

El que todo lo dispone

¿Por qué este nombre de Dios figura exactamente en este lugar de nuestra lista? Parece que El que todo lo dispone fuera introducido aquí para subrayar que la providencia de Dios no conoce límites. Así pues, será importante recordar nuestras consideraciones sobre el nombre anterior, para ahora entender correctamente este otro. A quien confunde providencia con predeterminación, El que todo lo dispone se le volverá el que todo lo determina de antemano, y esto hace que toda espontaneidad y cualquier libre vitalidad queden petrificadas y congeladas ante el helado aliento de lo fríamente intelectual.

Pero para quien se percata en el cosmos del cuidado verdaderamente maternal hacia nosotros, seres humanos, y por eso llama providencia a Dios, para ese disponerlo todo significará que el cuidado divino le garantiza a todo, incluso al más nimio de los seres, su existencia y su grado de libertad. ¿Y quién podría entonces hablar aún de algo «nimio»? La evidencia de que El que todo lo dispone destina a semejante dignidad no solo a nosotros humanos, sino justamente a todo, puede convertir para nosotros el mundo entorno en un mundo de semejantes. El fruto de este enfoque es la conciencia de un amparo inconmovible, que nos permite a los seres humanos desarrollarnos con alegría de vivir. También aquí pueden ayudarnos las líneas de un antiguo cántico a tener una experiencia anímica de este nombre de Dios:

A quien deja imperar solo al buen Dios
y en todo tiempo en Él espera,
Él lo preservará maravillosamente
en toda penuria y congoja.

Quizá logres, considerando ese misterioso sentimiento maternal en el cosmos, que todo lo abriga y sustenta, llamar a Dios «bueno», «amado», como si nunca hasta ahora hubieses oído esta expresión. Pero ¿qué querrá decir «dejar imperar»? ¿Acaso podemos impedir este imperar? No, somos preservados maravillosamente, *aunque en penuria y congoja nos inquietemos y desconfiemos del imperar. Pero podemos confiar todas estas inquietudes, que nos creamos a nosotros mismos,* Al que todo lo dispone*: «Pues a quien pone su confianza en Dios, este no lo abandona». ¡Como tampoco a aquel que sin necesidad se inquieta!*

71

Al-Muqaddim

El Auspiciador

Cuando medito sobre los nombres de Dios, se me hace cada vez más claro que deben su surgimiento, a todas luces, a incitaciones de muy diverso tipo. Están, por de pronto, los nombres que damos espontáneamente a ese misterio insondable que nos habla a través de todo lo que hay. Y ese misterio es más profundo que todos los enigmas no aclarados aún por la filosofía y la ciencia. Es más, se nos hace tanto más insondable cuanto más grandes son las profundidades que nuestro saber sondea. A este tipo de nombres pertenece ya, en realidad, «Dios», la designación más universal de ese Tú digno de veneración que, en todo lo que tenemos enfrente, nos sale al encuentro.

La designación como «Dios», referida a ese Tú que nos hace posible decir «yo», era originalmente, empero, una invocación, o sea, un nombre, mucho antes de llegar a ser una denominación. Estrechamente emparentados con esto están, por ejemplo, «el que da» o «el que da la vida». Más alejados de la vivencia inmediata me parecen estar nombres como «el Honrador» o «el Restaurador», que presuponen una considerable elaboración conceptual teológica. Y luego tenemos nombres basados en el arriba y el abajo del juego mutuo entre yo humano y tú eterno, esto es, en la vivencia de la oración: «el Oyente» es seguramente un nombre de este tipo, como lo es «El que deniega». A esta clase me parece pertenecer también el AUSPICIADOR.

¿Qué haces en situaciones en las que sencillamente ya no hay por dónde tirar? *¿Te preguntas si has hecho verdaderamente todo lo que estaba en tu mano? No debemos saltarnos esta pregunta. Pero ¿piensas entonces también que todo requiere un tiempo de maduración, no solo los melocotones, cuyas mejillas, cubiertas de pelusa, solo paulatinamente adquieren su rubor, sino también las decisiones? Considerar esto y, al considerarlo, decir calladamente «AUSPICIADOR», quizá más de una vez, y con asombro por esa misteriosa legalidad de todos los procesos de maduración, puede devenir en oración y transformar la impaciencia en auténtica paz interior.*

72

Al-Mu'ajjir

El que pospone

De nuevo un nombre de Dios que, al igual que el anterior, tiene que proceder del encuentro viviente con Dios en la oración, pues al orar estoy siempre en el ahora y esto significa que me sostengo en la intersección del tiempo y de la eternidad. Cuanto más profundamente ando enredado con mi pequeño yo en el pasado y en el futuro, tanto mayor es mi impaciencia.

Pero, del mismo modo que la impaciencia del «Pero ¿cuándo al fin?» resulta calmada tan pronto como confío en el Auspiciador, así mi «¿Cuánto tiempo aún?» se calma tan pronto como, con una sonrisa interior, digo: «¡Oh, Tú que pospones!»... Con una sonrisa, puesto que en lo más íntimo de mí sé que posponer y auspiciar y el tiempo no son, en realidad, sino un pretexto para obsequiarnos una y otra vez con nuevas ocasiones. ¿Ocasión de qué? La mayoría de las veces se trata de la ocasión de aprender la paciencia. Yo mismo, mi mismidad, que en el ahora está elevada por encima del tiempo, ya lo sabe.

¿Cuánto hace desde que por última vez te lamentaste: «¿Cuánto tiempo aún...?» es uno de esos suspiros que a menudo no reconocemos para nada como jaculatorias salidas del corazón, que es lo que propiamente son. Cuando, empero, despertamos y tomamos conciencia de a quién se dirige en último término esta pregunta, a saber, a Aquel que pospone, *que es el único que puede responderla, entonces esto puede ayudarnos a conseguir algo que, de lo contrario, no sería tan fácil de conseguir: la paciencia confiada que no desperdicia el aplazamiento, sino que, aun en medio del retraso, florece. Heinrich Waggerl nos enseña esta actitud con siete palabras y una sonrisa en la imagen del azafrán. Cuando, avanzado el mes de marzo, aún sigue nevando y las personas nos impacientamos ya, Dios manda florecer a la rosa del azafrán. «Dios lo dispone... A ella le basta».*

73

Al-'Awwal

El Primero sin inicio

El Primero no ha de entenderse aquí sin duda como el primer miembro de una serie compuesta por otros más, pues no se trata sino de otro nombre para el Único. El nombre Sin inicio deja ya atisbar al último sin fin y al que eternamente permanece, rompiendo, por tanto, el marco de todo lo ligado al tiempo. Esto no nos lo podemos representar, pues todas las imágenes de nuestro mundo representacional arraigan en nuestro trato con las cosas en el espacio y en el tiempo. Sin embargo, aunque no podamos hacernos una imagen de algo sin inicio ni final, podemos, con todo, vivir instantes a los que palabras como inicio o final no son aplicables, porque dichos instantes van más allá del tiempo. Son a la vez instantes que alientan con la frescura de todo lo primero, de todo nuevo comienzo. Así, cada ahora conscientemente vivido es experimentado como lo primero y sin inicio.

Y semejante ahora, ¿no deviene para nosotros en vivencia cada vez que nos hallamos cara a cara y alma con alma junto a un ser al que amamos de todo corazón? Cuando Agustín tiene que escribir sobre temas tan importantes y difíciles al mismo tiempo, exclama: «¡Dadme amantes: ellos saben de qué va esto!». Por eso, deberíamos probablemente recordar aquí nuestra experiencia como amantes. ¿Acaso hay que entender el PRIMERO SIN INICIO como un nombre para el ahora misterioso, en el cual tiene lugar todo encuentro profundo entre yo y tú, pero cuya hondura última es encuentro con Dios?

¿Puedes recordar quizá un instante de amor floreciente en tu vida? Y este recuerdo ¿te hace más accesibles nuestras meditaciones sobre el PRIMERO SIN INICIO*? El poeta Matthias Claudius seguramente las hubiera entendido, pues escribió:*

> *Al amor nada lo cohíbe; no conoce ni puerta ni cerrojo*
> *y a través de todo se cuela;*
> *ni conoce principio; eternamente batió sus alas*
> *y las bate por toda la eternidad.*

74

Al-'Ajir

El Último sin final

También en este caso un nombre forma un par con el precedente. Desde la perspectiva del tiempo podemos llamar a nuestro Tú eterno el Primero sin inicio, pero del mismo modo, el Último sin final. En el encuentro con el que carece de inicio nos reconocemos a nosotros mismos como los que empiezan siempre de nuevo; en el encuentro con el que no tiene final somos los que incesantemente acaban: acabamos, pero nunca somos aniquilados. Porque mi ser auténtico se encuentra en relación amorosa con ese Tú que vive en el ahora eterno, también yo descuello por encima del tiempo. Por otra parte, vale también esto otro: porque este Tú, uno y único, empero, se obsequia a la diversidad de todo lo que hay, y porque gracias a la diversidad también hay tiempo, también yo, en calidad de una parte de esta diversidad, estoy en el tiempo. De este modo, cada instante es para mí un punto de intersección entre el tiempo y la eternidad. Con cada hora que pasa,

pasa también mi yo, pero mi mismidad está cara a cara con mi Tú eterno, respira el aliento del Último sin final y, por eso, perdura. De ahí que, por un lado, diga el poeta:

Yo transcurro, transcurro
como arena que corre entre los dedos.

Por otro lado, dice de la primavera, símbolo de nuestra relación amorosa con el Tú eterno: «Cada hora que pasa es más joven».

Dos veces ya me han regalado amigos por mi cumpleaños un tilo. Son todavía arbolitos pequeños, pero me imagino a los jóvenes amantes, en las tardes de junio, sentados envueltos por su aroma, cuando yo haya desaparecido ya hace tiempo. ¿No anhelamos todos duración? Sí. Y nuestra relación con el Último sin final nos ancla en la roca originaria del ser eterno, con la cual la duración del tiempo no es en absoluto comparable.

75

Aẓ-Ẓāhir

El Manifiesto, a quien todo lo que hay claramente señala

¿En qué sentido ha de ser Dios el Manifiesto? Para muchas personas, Dios es hoy cualquier cosa menos patente. Pero ¿por qué? Porque partimos de un Dios de oídas, y nuestra comprensión de Dios no se levanta sobre nuestra propia vivencia. Así pues, preguntemos a nuestra propia experiencia cómo podría Dios hacérsenos manifiesto a través de ella. Cuando lo hagamos, debemos prestar atención a dos ámbitos, el de nuestra experiencia interior y el de nuestra experiencia exterior.

En el ámbito exterior, tenemos experiencia de una realidad de abigarramiento incalculable, a la que pertenecemos nosotros mismos y cuya esencia, cuanto más la indagamos, se nos vuelve cada vez más digna de asombro, cada vez más demandante de respeto. Pero el respeto pertenece a un ámbito interno que parece coordinado con el externo como una perspectiva interior lo está con una exterior. En lo interior no se trata de la experiencia de objetos, sino del encuentro con alguien enfrente, con ese Tú que es el que da sentido a nuestro decir yo.

Tanto la experiencia exterior como la interior nos confrontan, por tanto, con una realidad insondable a la que estamos ordenados por nuestros sentidos y por nuestro anhelo de sentido. A esta realidad señala la palabra *Dios*. Partiendo de la experiencia personal, por tanto, topamos con el MANIFIESTO, el cual, empero, permanece manifiestamente insondable.

¿Te ha sido concedido descubrir a Dios a través de tu propia vivencia? ¿O se te impidió, seguramente con la mejor voluntad, mediante ideas ajenas acceder al encuentro personal con Dios? Si fuiste afortunado, entonces las imágenes que se te ofrecieron quizá fueran incluso de ayuda, en especial si eras lo suficientemente maduro como para no tomarlas al pie de la letra. Sea donde sea que estés, debes, es más, no te queda más remedio que empezar por lo obvio, por tu propia experiencia, pues, para encontrar al MANIFIESTO.

76

Al-Bāṭin

El Oculto, a quien nadie realmente puede concebir

¿Por qué será que el Oculto es puesto tan pegado al Manifiesto en esta lista de nombres de Dios? Quizá para señalar a una tercera realidad: la fe. El encuentro con Dios, en el que enraízan todos los nombres de Dios, no adquiere realidad a no ser por la fe, o sea, por la confianza radical con la que nos fiamos de una realidad última que, en todo lo que es real, nos sale eficazmente al encuentro. Pero de la fe como confianza radical forman parte las dos cosas: incertidumbre y osadía.

Si este Tú que todo lo supera no fuera manifiesto para nosotros, al menos como anhelo, no podríamos responder de la incertidumbre de fiar-nos; y, si al mismo tiempo no estuviera oculto, nos quedaría vetada la osadía emocionante de fiar-nos. Los seres humanos conocemos la alegría vital que brota de la osadía de fiar-se por nuestros encuentros amorosos más intensos. Dios, empero, como fundamento originario de toda realidad, es Aquel enfrente de nosotros que, en cada tú, sale a nuestro encuentro. Ya todo tú humano se hace más misterioso cuanto más profundamente podemos sondearlo. Estar a la altura de esta evidencia quiere decir hacer la experiencia del Oculto en el Manifiesto y del Manifiesto en el Oculto.

¿Aprovechas las vías que nos ofrece la ciencia para el encuentro con el Manifiesto? Hoy tenemos libros y películas maravillosos que nos enseñan a asombrarnos con agradecimiento, por supuesto solo cuando una confianza creyente nos concede la mirada necesaria que ahonda para encontrar en lo manifiesto al Oculto. *Ahí donde los científicos no solo quieren aprehender lo conceptualmente aprehensible, sino que se atreven a dejarse cautivar por lo inconcebible, ahí puede la ciencia convertirse en encuentro con la realidad toda. Esto nos ayuda, no solo a alcanzar fines, sino también a hallar sentido. Y esto los seres humanos lo necesitamos con mayor urgencia aún.*

77

Al-Wālī

El Dominante

«El Dominante» se suma a otros nombres similares de esta lista, asombrosamente muchos, todos procedentes de un mismo ámbito temático: Dios es llamado el Rey, el Señor protector, el Sublime, el Poderoso, el Majestuoso, el Supremo, el Grande, el Fuerte. ¿Qué hay detrás de este cúmulo de esfuerzos por señalar a la sublimidad única? Estos nombres de Dios surgen seguramente del respeto que se enseñorea de nosotros, humanos, cuando estamos frente al Gran Misterio que impera en todo y en él adivinamos a nuestro auténtico Tú. Ambas cosas son significativas aquí: que es un Tú personal y que obra e impera, pues no es simplemente que una cantidad ingente de cosas y estados de cosas se precipite sobre nosotros, sino que nuestra experiencia de la realidad encuentra su foco, en último término, en el encuentro con un Tú que confiere un orden al todo.

Así entendidos, estos nombres no corren el peligro de que se abuse de ellos para despreciar a los dioses de los demás en comparación con el *propio* Dios, si bien todas las religiones tienen que precaverse siempre de la tentación de pavonearse como adolescentes diciendo: «¡El mío es más grande!». Se trata aquí de intentos, en realidad conmovedoramente torpes, de invocar por su nombre a esa realidad descollante a la que todos los nombres señalan, pero a la que ningún nombre puede hacer justicia.

«Estar frente al Gran Misterio»: ¿te suena esto demasiado pomposo como para encajar en tu día a día? Puede ser. Pero la cosa no depende de tu día a día, sino de tu actitud interna. Solo el que aprende a enfocarse en el Tú que, en todo hay, *espera a ser descubierto, puede despertar al ser personal y encontrar un sentido en la vida que vaya más allá de los meros fines. Para esto se requieren, como en una buena pieza musical, pausas introducidas con finura. ¿Dónde están en tu día a día los instantes de silencio?*

78

Al-Muta'āl

El Puro

Precisamente, los nombres de Dios más adecuados van acompañados por la conciencia de que la misteriosa realidad que ha de ser nombrada por ellos es y permanece propiamente sin nombre. Este es también el caso del Puro, es más, aquí de manera muy especial. El significado originario de la palabra *puro* se basa en la imagen del colado de todas las impurezas. Pero el Puro no es denominado así porque todo lo que nos parece impuro haya de ser apartado de nuestra idea de Dios. Eso sería demasiado poco. Aplicado al Puro, *puro* significa que el hecho de que nos representemos a Dios tiene que ser cribado también, pues Dios es irrepresentable. Mientras aquello a lo que llamamos Dios siga siendo representable, no es Dios. Pero, en el fondo más profundo de todo lo que encontramos en el mundo de la representación o de los sentidos, incluso en aquello que tal o tal otra cultura denominan impuro, nos sale al encuentro, a un tiempo, la realidad divina, pura e irrepresentable.

¿Te has preguntado ya alguna vez de dónde procede en realidad mi distinción entre puro e impuro? ¿Cuándo —seguramente ya muy temprano— y dónde —en el marco de qué cultura— la he aprendido? ¿Qué me autoriza a asumir que mi distinción entre puro e impuro es atribuible a Dios? Preguntas como estas pueden ayudarnos no solo a corregir nuestra idea de Dios, sino a acercarnos a personas de otras tradiciones, pues qué poco importantes se vuelven las distinciones de nuestras representaciones de pureza en vista del Puro *de toda representación. El agua de algunos lagos de los Alpes vuelve a ser tan pura que se puede ver hondo hasta el mismo fondo. Con todo aquello que vemos ahí abajo, piedras de color, musgo y peces, vemos al mismo tiempo el agua, que, a su vez, se vuelve tanto más invisible cuanto más pura es.*

79

Al-Barr

El Bondadoso

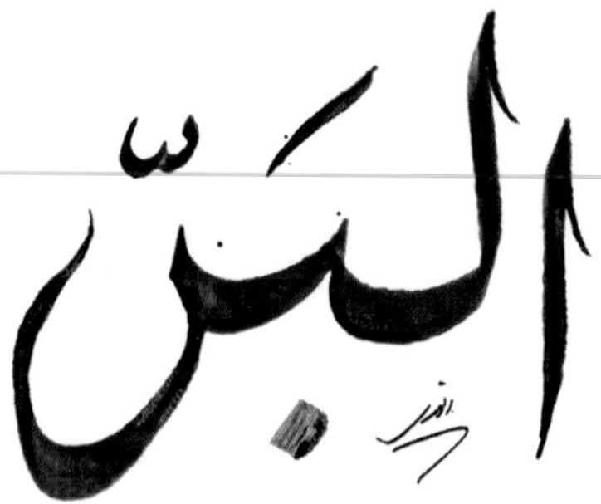

Si partimos de que los nombres de Dios se forman cuando los seres humanos intentamos afirmar algo, balbucientes, sobre la realidad más extrema accesible a nosotros, sobre «Dios» (si queremos emplear esta palabra), entonces debemos preguntar: ¿qué nos autoriza a llamar a Dios el Bondadoso? ¿De dónde, entonces, viene el mal? Es útil preguntar así, porque solo de este modo podemos avanzar hasta una importante evidencia: si llamamos a Dios el Bondadoso, renunciamos a proyectar sobre él nuestras humanas representaciones del bien y del mal; antes bien, nos obligamos a aprender siempre de nuevo qué debe ser llamado bueno realmente. Nos comprometemos en la aventura de intentar leer siempre de nuevo, a partir de la acción de Dios en el mundo, lo que es bueno.

En esta tarea chocamos, una vez más, con las dos actitudes opuestas hacia el mundo, las cuales hay que distinguir claramente: en un plano tiene prelación la competencia cognoscitiva de nuestra actitud yo-eso, pero sigue valiendo la evidencia de nuestra actitud yo-tú en un plano superior. La primera actitud diferencia, la segunda ve la unidad del todo. Para nuestra disposición yo-eso se trata de ordenar, encuadrar, anteponer o subordinar; aquí se trata de distinguir el bien del mal y de optar por el bien. En el encuentro yo-tú, sin más, decimos «¡sí!» a quien tenemos enfrente. Mediante este «sí» son *levantadas* las oposiciones: conservan su validez, pero son abolidas en un plano superior.

Mientras no lo hayamos vivido nosotros mismos, nada de esto puede convencernos. Pero ¿no puedes recordar los instantes en los que la vida te entusiasmaba hasta tal punto que te hacía pronunciar un «sí» incondicional? En instantes semejantes sabes: todo lo que es, es bueno. Pero, al mismo tiempo, es solo de estos instantes yo-tú de donde brotan la resolución y la pujanza para superar el mal en el ámbito del yo-eso de la única manera en que podemos superarlo: mediante el amor, pues que «todo es bueno solo por amor».

80

At-Tawwāb

El Absolvedor, el que acepta el arrepentimiento de sus servidores

Una y otra vez me topo con el hecho de que nuestro nombrar a Dios es provocado por una experiencia humana muy concreta: podemos abrir nuestro corazón con una solicitud tal que, desde todas y cada una de las cosas, nos hable el fondo originario de la realidad. La actitud yo-eso, más superficial, puede ser quebrada, de forma repentina y completamente inesperada, por el más profundo arrobamiento yo-tú. Cuanto más real se me aparece algo, tanto más cautivadoramente se dirige a mí. La realidad me parece querer decir algo, quizá algo que yo no quisiera oír, o quizá algo que anhelo.

La libertad es algo que el corazón humano anhela en lo más íntimo. Y este anhelo sabe que, en los instantes decisivos, se dirige a él el Absolvedor. Queremos poder partir libremente, ir libremente de un lado a otro, volver libremente a casa, y todas estas posibilidades la vida nos las concede. Pero aún más: cuando nos dejamos desviar por ilusiones de nuestro auténtico anhelo y, de ese modo, nos esclavizamos nosotros mismos, incluso entonces podemos aún confiarnos al Absolvedor.

Esto nos lo muestra también la parábola del hijo pródigo que cuenta Jesús y que Rembrandt supo representar con tan incomparable empatía. Hasta acabó siendo porquero, así de bajo cayó estando en tierra extraña. Pero luego vuelve en sí, se pone en pie y emprende la vuelta a casa. Más no se necesita. Todas las recriminaciones que se hace a sí mismo pueden enmudecer entre los pliegues del manto del Absolvedor, que lo abraza amorosamente. Y quien contemple con atención las manos del padre en el cuadro de Rembrandt podrá ver que el artista le ha dado una mano masculina y otra femenina: en el Absolvedor sale a nuestro encuentro el amor maternal del Gran Misterio.

Tú, a ti puedo oírte cuando escucho con el corazón. Tú eres mi libertad. En medio de todo lo que me esclaviza, concédeme la libertad. Amén.

81

Al-Muntaqim

El Restituidor justo

Ay, ¿en quién no despierta el nombre de «Restituidor» ideas de venganza? Pero ¡también se puede restituir el bien con el bien! A aquellos que de niños tuvieron esa suerte, les contaban las historias del buen Dios. Pero, entre ellos, muchos sin duda también tuvieron cumplida noticia del Dios vengador. ¿Quién se inventó a este ser tremebundo del que dice Edgar Allan Poe en un poema que,

riguroso y despiadado, venga en los hijos
la culpa de los padres hasta la séptima generación?

Los niños, y todos los que, tampoco de mayores, dejan que su corazón se confunda, saben que ese Dios no existe. Es verdad que la experiencia acaba corroborando la expresión «caer en su propia trampa», al menos cuando disponemos de tiempo suficiente para esperar a que esto suceda. En ese sentido, lleva razón Goethe cuando dice que «en este mundo toda culpa se venga». Pero se venga en ella misma. ¿Por qué habría que acusar por ello a los *poderes celestiales?* «Dejáis que el pobre se haga culpable»: con estas palabras acusa el arpista de Goethe a los poderes celestiales, pero confunde así dos mundos. En el mundo de las cosas, una ficha de dominó hace caer otra conforme a la coerción de la legalidad; en el mundo del tú, en cambio, reinan la libertad y la gracia.

Claro es que el nuestro es un único mundo, no un mundo dividido. La contradicción surge tan solo por los dos modos de consideración distintos: visto desde fuera, vivimos en el mundo de las cosas. Pero la esencia más íntima de la realidad se nos descubre en nuestra relación con el Tú eterno, esto es, en el mundo del tú. La consideración desde dentro no invalida la primera desde fuera, pero le otorga un nuevo sentido. Al igual que los prisioneros, a pesar de la coacción externa, pueden seguir siendo libres interiormente, así también el mundo del tú permanece libre en medio del mundo de las cosas. Toda culpa se venga (ella misma), pero el RESTITUIDOR JUSTO transforma esta autovenganza en gracia, pues la culpa no es otra cosa que anhelo extraviado. El RESTITUIDOR JUSTO, sin embargo, nos sale al encuentro y nos restituye incluso el afán de nuestro anhelo extraviado, dando cumplimiento a este anhelo.

Tú, a ti anhelo, y tú sales a mi encuentro como el RESTITUIDOR JUSTO *de mi afanoso anhelo. Amén.*

82

Al-ʿAfū

El que remite los pecados, **el Perdonador**

El que perdona renuncia a la acusación, que propiamente significa un «señalar inculpador». Culpa e inculpación, empero, solo las hay cuando el tú se convierte en un tercero, en él o ella. A «ese de ahí» o a «esa de ahí» solo los podemos señalar inculpándolos con el dedo, cuando son para nosotros *objeto* de desprecio, esto es, cuando son cosificados. Pero, en calidad de Tú, Aquel al que tenemos enfrente no es objeto, sino presencia.

Debemos presentarnos al tú, para que los rayos de sol del encuentro personal derritan todas las acusaciones glaciales y pueda correr el agua purificadora del perdón. Porque esto se corrobora en cualquier relación con un tú, podemos atrevernos a llamar al gran Tú, al que en último término se hace mención en toda relación personal, el Perdonador.

Pero ¿toma esta visión suficientemente en la culpa? Sí, solo que ve incluso en qué consiste propiamente la culpa, a saber, en tratar a un tú como un tercero impersonal. La inculpación, sin embargo, hace lo mismo y prolonga así la culpa, pues también ella convierte al tú en un tercero impersonal. Solo si regresamos de la culpa y de la inculpación al ámbito de la auténtica relación con el tú, se derrite la culpa, es disculpada por el perdón.

Tú, contigo estoy íntimamente cara a cara. A ti quiero verte en todo lo enfrente y todo lo enfrente en ti, para que viva yo el perdón, como tú eres el perdón. Amén.

83

Ar-Ra'ūf

El Clemente

En todas las épocas, los corazones humanos han sido movidos por la siguiente pregunta: ¿de dónde viene el sufrimiento? «En la vida, el sufrimiento se cuela a hurtadillas como un ladrón», dice el poeta Joseph von Eichendorff. «Se cuela a hurtadillas», porque se nos aparece como algo extraño, absolutamente opuesto a aquello que entendemos por plenitud vital. Pero la plenitud vital pertenece siempre y en todo lugar a aquello que los seres humanos llaman «Dios». Así pues, ¿en qué relación está Dios con el sufrimiento?

La única manera que tengo de representarme esto es que precisamente el sufrimiento también forma parte de la vida en toda su plenitud, naturalmente solo en el plano de lo objetual. En este plano, alegría y sufrimiento son complementarios, se determinan mutuamente como la luz y la sombra o la montaña y el valle. En el plano de la unidad originaria, sin embargo, todas las oposiciones, aún sin desplegar, son una sola y la misma cosa. Ahí hay plenitud, nada falta. Pero tan pronto como la unidad se prodiga en la diversidad, a cada uno de los miembros de la oposición le faltará siempre la otra mitad.

Sin embargo, puesto que la realidad ilimitada a la que llamamos «Dios» comprende ambos planos, nos encontramos con Dios —en el plano de la oposición— también en el sufrimiento. Aquí el Clemente es el compasivo que *padece con*. Dios es madre. Una madre, ¿no sufre cuando ve sufrir a su hijo? No sufre *como si* también ella sintiera el sufrimiento; lo siente, lo siente quizá más dolorosamente aún de lo que lo siente el niño. El Gran Misterio, en su supratemporalidad, comprende —probablemente deberíamos decir abraza— también el tiempo, y sufre él mismo cuando algún ser viviente sufre en algún lugar en algún momento de alguna manera.

Tú, mi mismidad más íntima, te presiente a veces como plenitud de vida en el ahora eterno por encima de todas las oposiciones. Pero, mientras todavía esté en el tiempo, déjame estar también unido a ti mediante la contraposición de sufrir y alegrarnos con los demás. Amén.

84

Mālik ul-Mulk

El poseedor de la soberanía y el poder regios, **el Soberano**

Otra vez uno de esos muchos nombres de Dios que, a todas luces, fueron provocados por el sentimiento de hallarse frente a un poder imponente. Y es que este sentimiento es característico de cualquier encuentro con el Gran Misterio. No debe, por tanto, sorprendernos si halla tan frecuentemente expresión cuando se nombra a Dios. Como ya hemos observado en nuestras consideraciones sobre nombres de Dios similares, tenemos que ser cuidadosos precisamente con este tipo de nombres para no contaminarlos en nuestra representación al asociarlos con el abuso de poder, y que Dios como Soberano no se convierta en un tirano celestial; un malentendido que, por desgracia, no es infrecuente que se deslice en los sermones.

Entre nosotros, seres humanos, vale la sentencia «El poder corrompe». ¿Qué quiere esto decir en realidad? En último término, significa que el poder priva de poder a todos los que caen bajo su dominio. Pero, en el caso de Dios como SOBERANO, sucede justo lo contrario: el poder de Dios confiere poder. ¿Acaso no nos mantenemos más erguidos bajo el cielo estrellado, arrobados en su contemplación por el soplo nocturno del Gran Misterio? ¿O no salimos como con alas de un concierto después de que el Gran Misterio nos haya conmocionado hasta la médula, por ejemplo, mediante la *Novena* de Beethoven?

Así pues, quien entienda correctamente a qué empleo del poder señala el nombre de SOBERANO entenderá también en qué nos embarcamos nosotros cuando llamamos poderoso a Dios. El único uso justo, es decir, ajustado a Dios, de nuestro poder es conferir poder a todos aquellos sobre los que ejercemos un poder. Y no deberíamos apresurarnos a contestar: «Pero ¿sobre quién ejerzo yo un poder?». La influencia es poder. Y tenemos influencia sobre muchas más personas de las que creemos. Así pues, honramos al Poderoso si vamos al encuentro de todos los demás de manera que sientan que se les ha conferido un poder por su propio bien, igual que a nosotros se nos confiere un poder con cada encuentro con el Gran Misterio.

¿Cuál de las personas con las que te encuentras en tu vida cotidiana alza la vista hacia ti, te escucha y te da su confianza? En todas ellas tienes influencia. Nunca es demasiado tarde para tomar conciencia de esto. Puedes hacer del poder de tu influencia un homenaje al Poderoso animando a todos los que se encuentran contigo a procurar su propio bien. Es más, incluso a aquellos que intenten privarte de poder, puedes oponerles de este modo una resistencia creadora.

85

Dhū-l-Jalāli wa-l-'ikrām

El Venerable, a quien corresponden majestad y honor

En todo el mundo, se rinde honor a los poderosos, pero qué pocas veces son dignos de él. Hagámonos esta pregunta: ¿qué tendrían que hacer los poderosos para merecer ser honrados? En puridad, no se trataría tanto del hacer como, más bien, del ser. ¿Qué tendría que distinguir también a los poderosos aparte de su poder? Mi respuesta es que tendrían que poseer autoridad, no solo poder. Claro es que la autoridad es a menudo mal entendida como el poder de mandar. La palabra, empero, viene del latín *auctoritas*, y este, a su vez, de *augere*, que significa aumentar, enriquecer, promover, crecer. La autoridad, por tanto, tiene el poder de fomentar e incrementar el crecimiento. Eso solo puede hacerlo alguien que tenga suficiente visión como para aconsejar a otros en caso de duda. Un buen ejemplo es la anciana del pueblo a la que se le consulta por algún remedio casero cuando se está enfermo, o la médica, considerada una autoridad, a la que se recurre en busca de una «segunda opinión». En este sentido, solo que incrementado al infinito, podemos llamar al «eterno rey de los honores» el VENERABLE, la autoridad suprema.

De la autoridad del Gran Misterio emana para nosotros toda visión para obrar rectamente. El hecho de que atendamos, veamos y podamos poner en obra esa intelección nos confiere a nosotros mismos dignidad. Cuando lo logramos, parece fácil. Y lo es en el sentido de que, al lograrlo, aflojamos en nuestro habitual afán de tomar decisiones y ponerlas en obra. Pero precisamente este aflojar exige más de nosotros que todo afanarse. En la medida, sin embargo, en que lo logramos, honramos literalmente *de obra* al VENERABLE.

Antes de tomar tu próxima decisión, lo mismo da que grande o pequeña, primero párate un momento y presta oído atento a las circunstancias que te regala la vida en este instante. ¿No son lo suficientemente misteriosas como para hacerte sentir la confianza de que, en ellas, el Gran Misterio sale a tu encuentro aquí y ahora y de que la autoridad del VENERABLE *quiere guiarte? Déjate guiar sin dejarte distraer por esperanzas, deseos y temores. Ten confianza y no serás decepcionado.*

86

Al-Muqsiṭ

El que endereza con equidad

En nuestras consideraciones sobre el nombre de Dios «Juez», señalamos ya que de ningún modo debemos proyectar sobre Dios la imagen del juez tomada de un tribunal de justicia terreno, ni tampoco la imagen de un juez justo. Los jueces justos obran lo mejor que saben, pero tampoco ellos pueden abstraerse de un sistema jurídico cuyo derecho penal no repara los crímenes, sino que los venga. Dios, como El que endereza con equidad, no toma venganza, sino que repara. Esto es tan importante que, en la lista de los 99 nombres de Dios, al Juez y al Justo aún se les suma El que endereza: el que de nuevo pone recto lo torcido.

El que endereza dice: «Mía es la venganza». Podemos dejársela a Dios. En las manos del que endereza, la venganza deviene en algo irreconociblemente otro, algo que afirma la vida, que sana, que reconcilia. En la balada de Conrad Ferdinand Meyer «Los pies en el fuego», un correo del rey busca cobijarse de la tormenta. En el primer castillo que encuentra, pide albergue para pasar la noche. Es acogido con hospitalidad, pero se da cuenta, cuando ya es demasiado tarde, de que ha ido a parar a manos del mismo señor del castillo a cuya mujer, pocos años antes, él había torturado hasta la muerte durante una caza de herejes. Echa los cerrojos de su estancia, pero aun así pasa la noche en angustia mortal. Por la mañana, el señor del castillo entra en el aposento a través de una puerta secreta. Habría podido vengarse fácilmente del asesino de su mujer mientras dormía. En lugar de eso, lo escolta durante un trecho del camino. Al despedirse, el criminal aún alaba desvergonzadamente la sensatez de su huésped, quien habría considerado que el correo del rey de Francia es «propiedad del más grande de los reyes». «¡Tú lo has dicho! ¡Propiedad del más grande de los reyes!», replica el señor del castillo, pero se refiere con ello al que endereza:

> *¡Tú lo has dicho! ¡Propiedad del más grande de los reyes! Hoy servirle me fue costoso... ¡De manera diabólica asesinaste a mi mujer! ¡Y vives!... Mía es la venganza, dice Dios.*

Lo que le costó dejar la venganza en manos de Dios, el poeta lo muestra en el hecho de que, durante la noche en que se debatió consigo mismo sobre la decisión que tomar, su cabello, antes castaño oscuro, había encanecido.

Quizá encuentres hoy un rato para leer con atención la balada de C. F. Meyer. ¿Qué pudo haber provocado la decisión del señor del castillo de dejar seguir viviendo al asesino? Piensa: el que perdona consuma él mismo, de ese modo, la «venganza» sanadora y reparadora del que endereza.

87

Al-Jāmiʿ

El Reunidor, que reunirá a todos los hombres el Día del Juicio

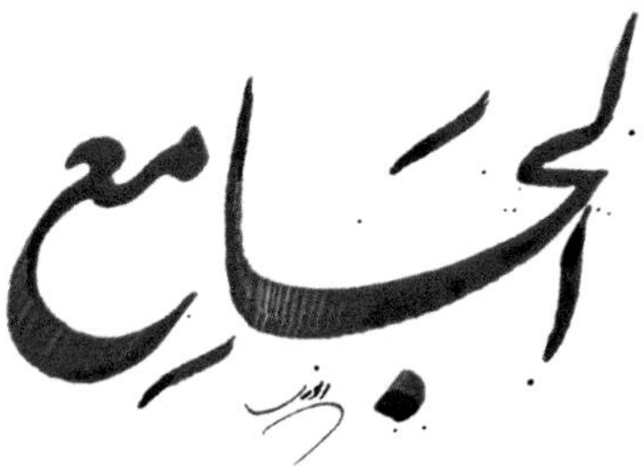

Cuando era un monje joven, tuve uno de esos sueños que no se olvidan en toda la vida: el mundo y el tiempo habían tocado a su fin. Yo era un niño, corría apresurado para encontrar a mi abuela, y le comunicaba pletórico de alegría: «¡Se han reunido todos!». Una y otra vez le gritaba lleno de entusiasmo: «¡Se han reunido todos!». No es sorprendente que el nombre de Dios el REUNIDOR me recuerde con asombro este sueño, en especial también el añadido del traductor: «que reunirá a todos los hombres el Día del Juicio».

¿No habita en lo más hondo de todos nosotros un anhelo de que, al menos al final, pero ojalá que ya antes, nuestra familia humana superará todas las enemistades y convivirá en concordia? «Salve al espíritu que quiera unirnos», exclama Rilke.

Pero antes de la muerte primera vino el asesinato.
Entonces una rasgadura rompió tus círculos maduros

y un sarcófago los rasgó
y arrastró las voces
que justo venían de juntarse,
para decirte a ti,
para portarte a ti
puente sobre todo abismo —
y lo que desde entonces balbucieron,
pedazos son
de tu nombre antiguo.

Con espanto lamenta el poeta esta fragmentación. Pero el Reunidor se muestra ahora como el que perdona, sana y une. En ello podemos confiar. Pero mostramos nuestra confianza haciendo nosotros mismos lo que podemos para promover el entendimiento y la paz: en nuestras familias, en nuestras comunidades y entre los pueblos.

Señor, haz de mí una herramienta de tu paz,
que ame donde hay odio;
que perdone donde hay ofensa;
que una donde hay disputa.

Todas las veces que pronunciamos esta oración de san Francisco, oramos en el espíritu del Reunidor.

88

Al-Ghanī

El Opulento que a nadie necesita

El niño le debe todo a su madre: su vida, su amor, hasta el dinero de bolsillo con el que le compra un pequeño regalo a ella. Y, no obstante, de este modo le da a la madre una gran alegría que ella no podría darse a sí misma. De la misma manera, podemos también devolver a Dios el Opulento, a Aquel que a nadie necesita, todo lo que él nos ha regalado, transformándolo en un nuevo regalo. Así que, justo aquí, hay que afirmar paradójicamente que Dios necesita a los seres humanos.

Rilke habla de que «la abundancia de las cosas» fluye y rebosa en Dios, «cuando cosas y pensamientos rebosan»: así pues, cuando en una visión lo que nos conmueve «no nos cabe en el alma», como solemos decir, y eso que estamos viendo fluye a raudales, transfigurado por nuestra vivencia cada vez única, de vuelta al Gran Misterio, de cuya riqueza nos fue regalado. Lo que se quiere decir con esto lo muestra el poeta en el caso del arte, cuando ora:

Y los pintores solo pintan sus cuadros
para que, en lo imperecedero, a la naturaleza,
que creaste pasajera, la acojas de regreso.

Pero no solo los artistas hacen imperecedero lo pasajero. Para todos nosotros es esta la tarea suprema de la vida, pues, en cuanto seres humanos, pertenecemos a lo pasajero, pero nos alzamos para asomarnos al Misterio, o sea, a lo Imperecedero. A través de nosotros, todo lo que captan nuestros sentidos fluye de vuelta al misterio inconcebible. Por eso nos llama Rilke «las abejas del universo»: a través de todo lo que hacemos y padecemos, recolectamos el néctar de lo visible en el panal grande y dorado de lo invisible. Esta imagen muestra el torrente de la gracia como algo que fluye de regreso, y el Opulento aparece también tan rebosante de riqueza porque esta, dispensada a manos llenas, incesantemente enriquecida, fluye de regreso a él.

Así fluye a ti la abundancia de las cosas.
Y como en las fuentes las pilas superiores
se derraman constantemente, cual mechones
de cabello suelto, en el plato más hondo, así
cae en ti la plétora en tus valles
cuando cosas y pensamientos rebosan.

Eres único. Nadie ha visto todavía un árbol exactamente como lo ves tú. Todo lo que eres desde tu nacimiento, y toda tu experiencia hasta este momento, fluyen en tu mirada. Quizá quieras hoy contemplar en silencio y largamente un árbol y alegrarte de que de ese modo enriqueces el universo y regalas el árbol, enriquecido con tu mirada, de vuelta al Opulento.

89

Al-Mughnī

El Dispensador de riquezas

Toda bendición, todo lo que somos y tenemos corre incesantemente a nosotros desde el origen inagotable del existir, o sea, desde el Opulento. Es lo que hemos visto al considerar el precedente nombre de Dios. Y aquí topamos con una paradoja añadida, pues el Dispensador de riquezas se prodiga siempre él mismo y lleva razón el poeta cuando ora:

Tú eres el pobre, tú el falto de medios...
Pues nada es tuyo, tan poco como del viento,
y tu desnudez la cubre apenas la gloria;
el trajecito de diario de un huérfano
es más espléndido y como una propiedad.

¿Es esto tan solo un juego poético con la sentencia de que en Dios todas las contradicciones coinciden? No, es expresión de una profunda evidencia: todo en lo que a sí mismo se regala el Dispensador de riquezas es riqueza, incluso la pobreza. Así, hasta ser pobre puede convertirse para nosotros en riqueza si lo entendemos como un regalo de Dios.

Reconocer en la «dorada abundancia del mundo» al Dispensador de riquezas es algo obvio, pero adivinar su presencia también en todo aquello que es pobre presupone sensibilidad. No queremos dejarnos desviar a la sensiblería de convertir la pobreza en algo romántico, sino que, muy al contrario, queremos hacer todo por mitigarla y por cambiar un sistema social que genera pobreza. Pero saldremos de manera muy distinta al encuentro de los pobres si en ellos reconocemos al dispensador de riquezas, al que ora el poeta:

Tú, empero, de los faltos de medios el más profundo,
mendigo de oculto rostro;
eres de la pobreza la gran rosa.

Mira hoy a una mendiga a los ojos —solo eso ya es un regalo— y sé consciente de que, en ella, te encuentras con el Dispensador de riquezas *que se regala a sí mismo.*

90

Al-Māniʿ

El Rechazador, el que impide

La maestra le pregunta a una alumna: «¿Para qué necesitas tu inteligencia?». «Para guardar secretos», dice la niña sin titubear. Para ella, «inteligencia», por lo visto, significa más que razón; entiende por ella toda su vida interior. Por eso es tan acertada su respuesta. Nuestro interior se nos hace consciente como un ámbito capaz de rechazar cualquier intromisión desde el exterior. Este misterioso rechazo, que preserva la dignidad más interior, forma parte también de nuestras más íntimas relaciones personales, es más, muy especialmente de ellas, y a partir de esta experiencia probablemente se explique también «el Rechazador» como nombre para nuestro Tú divino.

Mil teólogos se sumergieron
en la noche antigua de tu nombre...

Pero ningún nombre puede iluminar la oscuridad del Insondable traspasando el límite de este rechazo. También Nikolaus Lenau emplea para el carácter insondable del Rechazador la imagen de la noche cuando ora:

Reposa sobre mí, ojo oscuro,
ejerce todo tu poder,
¡noche grave, benigna, soñadora,
de insondable dulzura!

Dulce, no espantosa: es así como debemos representarnos la noche del Rechazador, pues es, en definitiva, esa insondabilidad que, en toda relación amorosa, corresponde a la formación de la confianza. Esta experiencia, la confianza en lo insondable, nos hace más fácil el trato cotidiano con el hecho de que el Rechazador a menudo diga no a nuestros deseos, pues no debemos olvidar que nuestra vida diaria no es otra cosa que la ocasión, una y otra vez renovada, de encontrarnos con el misterio sin nombre que está detrás de todos los nombres de Dios. «No hay destino, ni negativa, ni apuro que simplemente sea sin esperanza», escribe Rilke. «En alguna parte, la maleza más agreste puede dar hojas, florecer, fructificar. Y en alguna parte, en la providencia última de Dios, habrá también un insecto que saque riqueza de esta flor». En la confianza en el Rechazador, probablemente podamos ser nosotros mismos esas abejas que libemos el néctar de las flores de la negativa y del rechazo.

¿Qué parece negarte la vida? ¿Puedes, levantando la mirada hacia el Rechazador, *hacer de ello la miel de la confianza?*

91

Aḍ-Ḍārr

El que hace daño

¿Cómo podemos llamar a Dios El que hace daño? Solo desde la más honda confianza en que también todo lo que nos daña es regalo del amor. En esta radical confianza en la vida, se trata de esa actitud de ser enteramente uno —consigo mismo y con el misterio insondable— que, en palabras de T. S. Eliot, «no nos cuesta menos que todo».

Muchos dicen: «Yo creía en Dios hasta que me ocurrió tal o cual cosa. Desde entonces ya no puedo creer en Dios». Hubo algo que condujo al derrumbe de la fe y que bien hubiera podido convertirse, en realidad, en estímulo para la efectuación radical de una confianza creyente. No podemos saber con seguridad por adelantado si nuestra fe, al recibir un empujón extraordinariamente doloroso, se malogrará o si solo entonces comenzará de verdad. Pero ¡podemos prepararnos para ello! Igual que aprendíamos a confiar mediante nuestras consideraciones sobre el carácter insondable del Rechazador, así también podemos aprender a comprender que también El que hace daño puede ser un nombre de Dios. Esto nos resulta más fácil cuando prescindimos de nosotros mismos y miramos al todo, pues solo en ámbitos parciales podemos hablar de daño y provecho. Pero, cuando miramos al todo, ambos, daño y provecho, son ganancia, a saber, una ganancia de ser. Sin embargo, abrir nuestro corazón, tomando una gran resolución, a la plenitud del ser nos cuesta, como ya se ha dicho, «no menos que todo». También aquí vale decir: mira al todo... y alabarás el todo.

Evita el error que piensa que hay carencias
para la decisión ocurrida, esta: ¡ser!
Hilo de seda, entraste en el tejido.
Sea cual sea la imagen con la que estés en tu interior unido
(incluso aunque sea un momento de vida doliente),
siente que se trata de todo el tapiz, el glorioso.

¿Dónde te desafía más El que hace daño*? Tómalo como estímulo para resolverte a una confianza extrema. Esta resolución decide entre una vida amargada y una vida plena.*

92

An-Nāfiʿ

El que da ventaja

Ventaja y desventaja son conceptos relativos, dependen de las circunstancias. Para la liebre de montaña, el blanco de su pelaje de invierno, que en esa estación es ventajoso como camuflaje, sería desventajoso en verano. ¿Qué pretendemos con esta consideración? Por una parte, comprender que El que da ventaja es un nombre de Dios que solo es válido para el ámbito relativo de la experiencia. En cambio, en instantes en los que barruntamos un absoluto, tomamos conciencia de que El que da ventaja no tiene hijos predilectos.

Y esto puede llevarnos a una evidencia ulterior. Cuando «el que abraza todo con su amor, el que da y dispensa», como lo denominan otros nombres de nuestra lista, nos concede en algún respecto una ventaja, con ello nos está regalando a un tiempo la ocasión de ayudar a otros que, en este mismo respecto, se ven perjudicados: nos da pie a una justicia compensadora del reparto.

Ya el sentimiento de compasión, innato en nosotros y en animales superiores, nos empuja a una justicia compensadora y a compartir.

Bajo el término de búsqueda «Por primera vez chocolate», se encuentran en internet vídeos que presentan la experiencia de cultivadores de cacao en Costa de Marfil a los que, por primera vez en su vida, se les da a probar el producto por el que se desloman a diario. Primero nos reímos, cuando una alegría sorprendida se dibuja en sus negras facciones y uno de los trabajadores se pregunta si el chocolate podría ser la causa de la longevidad de los blancos. Pero luego los trabajadores han repartido y se han comido la única tableta de chocolate que quizá vayan a ver en toda su vida, y hay uno que al menos se quiere llevar a casa el envoltorio para dárselo a sus hijos. En ese momento probablemente se le quiten a uno las ganas de reír. Con mayor motivo si se piensa en qué medida se emplea el trabajo infantil precisamente para el cultivo de los granos de cacao.

Quizá tengas hoy ocasión de hablarle a un niño, que no se habrá preguntado de dónde viene el chocolate, sobre los niños de Costa de Marfil y lo duras que son sus condiciones de trabajo en las plantaciones de cacao. El conocimiento de situaciones penosas es el primer presupuesto de cualquier mejora.

93

An-Nūr

La Luz

¿Es mi conciencia la única ventana iluminada en la noche de un universo impersonal? ¿O refleja mi ser consciente, como un espejo, la luz que luce en todo el universo? Sea cual sea la respuesta que demos a estas preguntas, casi a nadie le chocará que la luz haga las veces de metáfora de la conciencia. De las personas que tienen trastornada la conciencia decimos que están «sumidas en negra noche». Y puesto que la luz consciente del yo humano está referida al Tú divino, es natural aplicar esta misma metáfora lumínica a Dios también. Por eso, en numerosas tradiciones espirituales se habla de nuestro encuentro con la realidad última como de una «iluminación» y del Gran Misterio como Luz. Al mismo tiempo, empero, también puede aparecer la oscuridad como imagen adecuada para el Gran Misterio... en vista de su carácter insondable. Difícilmente podemos decidirnos por una de estas dos imágenes, una circunstancia que nos lleva de vuelta a la coincidencia de todas las contradicciones en Dios.

En mayores profundidades aún se adentra el prólogo del Evangelio de Juan a propósito de la reconciliación de las contradicciones. Leemos ahí: «La luz luce en la tiniebla». Si con esto no quisiera decirse nada más que la luz luce desde fuera hacia dentro de la tiniebla, como una especie de foco, entonces apenas sería digno de mención. Pero aquí se enuncia algo inaudito: en el caso de la LUZ de Dios no se trata de un iluminar la tiniebla desde el exterior, sino de un encenderse en medio de la tiniebla.

De esta comprensión mística podemos extraer, por tanto, un profundo consuelo, pues todo lo que nos ocurre en la vida práctica cotidiana quiere devenir encuentro con Dios. Por eso podemos decir también a la experiencia más oscura: «¡Sé mi LUZ!».

¿Quieres atreverte a probar esto en una de tus experiencias más oscuras? La tiniebla no se convierte por ello en claridad, sigue siendo tiniebla. Pero la confianza radical penetra valerosamente en la tiniebla y encuentra en medio de ella la LUZ.

94

Al-Hādī

El que sirve de guía

También en la tradición cristiana es Dios «quien amigablemente te ha guiado», como lo expresa un venerable cántico. ¿De qué experiencia extraen personas de muy distintas épocas y culturas la convicción creyente de que Dios es el que sirve de guía? Quien se ejercita, antes de cada decisión —igual da que sea grande o pequeña—, en pararse y en atender a lo que cada instante trae consigo se encontrará una y otra vez con El que sirve de guía. Esto vale realmente para todo lo que es objeto de decisión, desde los planes cotidianos hasta las resoluciones más graves: ya simplemente a través de las circunstancias dadas nos indica la vida el camino.

Allí se arremolinan esperanzas y temores, deseos, reparos y expectativas con posibilidades variopintas y toda clase de impedimentos, formando un tremendo revoltijo. Pero, si nos fijamos con atención y llenos de confianza, los rápidos del río se amansan y empieza a dibujarse una corriente que, tranquila y clara, fluye en un mismo sentido. Al fin, es el Gran Misterio el que quiere ahí servirnos de guía, pues de él fluye hacia nosotros la vida con toda su confusa diversidad de ofrecimientos. ¿Quién podría llegar a sondear todas las razones a favor y en contra que influyen en su decisión? Pero en el centro más íntimo de nuestra vida podemos percatarnos de aquello que Ignacio de Antioquía describe con tanto acierto: «Agua viviente y hablante hay en mí que en mi interior me dice: ¡A casa, ve con el Padre!». En vez de agua, Rilke utiliza el viento como imagen para la misma experiencia:

Ay, no estar separado,
no por tan poco apartamiento
ser excluido de la medida de las estrellas.
Lo interior, ¿qué es?
A no ser cielo aumentado,
revuelto de pájaros y hondo
con vientos de regreso a casa.

Entender aquí el regreso a casa como una huida del mundo sería un craso error. Nuestro hogar no está en otro sitio. De camino, en plena búsqueda de orientación, El que sirve de guía está cerca de nosotros y nos guía con derechura a través de la constelación de todas las incitaciones internas y externas. Estar en casa significa estar en lo más íntimo de acuerdo consigo mismo y así también con El que sirve de guía.

«Por todos los caminos se vuelve a casa». ¿Estás dispuesto a dejarte guiar iniciándote en la práctica de guardar silencio y de escuchar con atención?

95

Al-Badī

El Creador de lo nuevo

¿A quién no le entusiasma la vivencia del nuevo comienzo?

Se siente el resplandor de un lado nuevo
en el que todo puede devenir aún.

Cuanto más madura sea nuestra atención, tanto más conscientemente podemos vivir cada instante como inicio de lo nuevo. El Creador de lo nuevo nos deja desempeñar un papel en el proceso por el cual, a cada instante, lo nuevo deviene realidad a partir de la inagotable provisión de lo posible. «Nada era aún cumplido antes de que yo lo contemplara», porque mi mirar, aquí y ahora, es un acontecimiento que nunca había sido. Nadie todavía ha mirado nunca con ojos que fueran idénticos a los míos. Y, si mi huella dactilar es única, cómo no iba a serlo mi sistema nervioso. Todas las impresiones que, por ejemplo, una pera produjo una vez en mí determinan también cómo veo, huelo y gusto hoy esta pera. La próxima vez que me quede mirando otra, intervendrá también la experiencia de hoy, y será entonces, una vez más, una nueva vez sin igual.

Quedarse mirando algo es, al mismo tiempo, seleccionar: de un *totum revolutum* de impresiones elegimos inconscientemente aquello que nos dice algo y, por medio de nuestro pensar y sentir, hacemos de ello algo nuevo, algo que nunca había existido aún. Lo que así sacamos de la confusión es nuestra contribución completamente personal al todo de la realidad. Cuál sea el carácter de esta contribución depende de que tomemos fríamente noticia del mundo o de que le demos la bienvenida bendiciéndolo y que, de este modo, a nuestra vez, lo regalemos al gran torrente de la bendición, al torrente sanguíneo del universo. Así de grande es la responsabilidad que nos confía el Creador de lo nuevo. También Rilke canta a este gran torrente:

Lo que nuestro espíritu gana a la confusión
un día será para bien de lo viviente;
aunque a veces no más que pensamientos,
se disuelven en ese gran flujo sanguíneo
que sigue corriendo.

Y si es sentimiento: quién sabe hasta dónde alcanza
y en qué resulta en el puro espacio,
en el que un pequeño más, pesado o ligero,
mueve mundos y desplaza una estrella.

Abre hoy tus sentidos todo lo que puedas y, con un gesto de bienvenida, toma conciencia de cómo esto te une al Creador de lo nuevo. *Entrégate a este sentimiento que tiene un aire primaveral y regocíjate en él. Rejuvenece.*

96

Al-Bāqī

El que permanece eternamente

¿Significa nuevo lo mismo que mejor? Así nos lo quiere hacer creer el ramo publicitario. Pero, si esperamos lo suficiente, entonces el presente —románticamente transfigurado en el recuerdo— se convierte en los buenos viejos tiempos. Sin embargo, lo que en lo más hondo del corazón anhelamos no depende de lo nuevo o de lo viejo. Cuando nuestro anhelo habla de lo nuevo o de lo viejo, se refiere a algo que sobrepasa a ambos: lo permanente, pues «todo goce quiere eternidad, / ¡quiere profunda, profunda eternidad!», dice Nietzsche.

> *Temerosos buscamos un soporte, / para lo viejo algunas veces jóvenes / y viejos para lo que nunca fue.*

Ese asidero que, arrastrados por el paso de carrera del tiempo, buscamos desesperadamente solo lo encontramos en El que permanece eternamente.

> *Nosotros somos los errantes. / Pero el andar del tiempo / tomadlo como nimiedad / en lo que siempre permanece.*

Al que permanece eternamente ora el poeta:

> *Lo leo en tu palabra, / en la historia de los gestos / con los que tus manos, envolviendo el devenir, / se redondearon limitadoras, calurosas y sabias. / En voz alta dijiste vivir, y en voz baja, morir, / y una y otra vez repetiste: ser.*

Puedo adivinar este ser cuando me confío al que pertenece eternamente, en cuyas manos descansa mi ser, viva yo o muera. Este confiarse significa orar. Cuando miramos un tablero de ajedrez, podemos ver o bien escaques negros sobre un fondo blanco, o bien blancos sobre un fondo negro. Orar significa mirar el ámbito doble de la realidad de tal manera que los ojos del corazón, acostumbrados como están a ver solo lo pasajero, presten atención ahora a lo que permanece eternamente y, aliviados, encuentren ahí reposo.

No deberíamos esperar ver en la oración lo que permanece eternamente*. Solo es visible lo pasajero. Pero podemos dejar que* lo que permanece eternamente *obre en nosotros. Por eso ora Gerhard Tersteegen:*

> *Todo lo penetras; / deja a tu más bella luz, / Señor, tocar mi rostro. / Igual que las delicadas flores / se abren a conciencia y están quietas al sol; / déjame así, / quieto y contento, / atrapar tus rayos / y dejarte hacer.*

97

Al-Wārith

El Único Heredero, pues fuera de Él nada hay persistente

¿No es sorprendente que, en culturas completamente distintas y en periodos históricos muy alejados entre sí, el espíritu humano llame al Gran Misterio con nombres que se semejan unos a otros? Esto es así incluso en el caso de un nombre de Dios aparentemente tan en desuso como El Único Heredero. Aun sin haber oído nunca con toda seguridad el nombre al-Wārith, Rilke ora:

> *Tú eres el heredero. / Los hijos son herederos, / pues los padres mueren. / Los hijos están en pie y florecen. / Tú eres el heredero.*

Lo que con esto quiere decir el poeta lo muestra en una larga serie de cosas y vivencias pasajeras, las cuales, gracias a su recuerdo, recaen en el ámbito de lo imperecedero y eterno. «Así fluye a ti la abundancia de las cosas», le dice a Dios, y su autor eterno se convierte así también en su Único Heredero, que perdura por encima de todo: «Todo lo cumplido recae». La palabra *recaer* es también un término técnico del derecho sucesorio.

> *Aunque el mundo vertiginoso cambie / como trazos de nubes, / todo lo cumplido / recae en lo ancestral.*

En esto tiene un papel decisivo nuestro recuerdo. La mera retentiva permanece adherida a lo externo, pero el recuerdo es también interiorización.

Es verdad que, en el doble ámbito en el que vivimos los seres humanos, son distinguibles el mundo exterior y el interior, lo perecedero y lo imperecedero; y, sin embargo, son una misma cosa..., igual que el yo y la mismidad. De lo experimentado en la vivencia, la memoria solo puede llevar a su presencia lo que los ojos han recogido, pero el recuerdo mira con el corazón. Lo que posee cualidad sensible se le vuelve así al recuerdo signo pleno de sentido. El corazón lee en lo perecedero y en lo destructible su sentido y lo conserva indestructiblemente. De Dios como fuente de sentido fluye el sentido en todo lo sensiblemente aprehensible. De ahí podemos sacar el sentido y dejarlo fluir de vuelta a Dios, el Heredero.

> *Dime, corazón mío, / ¿qué recuerdo tejes / en el dorado ocaso de verdes ramas? / — ¡Viejos días innombrables!*

Así canta Eduard Mörike. ¿Y qué recuerdos tejes? Mediante tu re-cuerdo se los participas, por así decir, a tu gran Tú. De este modo, se hacen imperdibles para ti, pues los compartes ahora con su eterno Único Heredero.

98

Al-Rashīd

El que da conducción

Si Dios es El que da conducción, entonces la conducción de Dios es para nosotros obsequio: como don y tarea. Podemos fiarnos de ella, pues no se trata aquí de conducción en oposición a seducción. La representación de un gran teatro del mundo barroco, sobre cuyo escenario luchan por el alma humana El que da conducción y el Seductor, no es adecuada aquí. Es a nosotros mismos a quienes les es encomendada la lucha; la cual es, en último término, nuestra pugna interior por la confianza. Mientras sigamos confiados la indicación, cada camino es camino a casa, cada paso es un volver a casa. Pero, en cuanto el miedo nos vuelve sordos a la indicación, no hay camino que no se convierta en un camino equivocado.

Dejarse conducir es algo que presupone confianza. El miedo, empero, lo vuelve a uno remiso. El miedo nos hace torcidos por dentro. Lo que el Gran Torcido susurra al oído del Peer Gynt de Ibsen, «¡Da un rodeo!», es lo mismo que el miedo nos aconseja cada vez que algo nos angustia. El pensar torcido no quiere reconocer el miedo y conduce al autoengaño; el sentir torcido enmascara todo lo que provoca miedo y se convierte en sentimentalidad; el camino torcido del miedo conduce, al cabo, a la mentira vital.

La confianza nos hace interiormente íntegros, sobrios en el pensar, auténticos en el sentir, francos, rectos: en todo lo que hacemos somos «conducidos sobre alas de águila a un seguro cobijo» por El que da conducción.

¿Cómo podemos aprender la confianza? ¡Mediante el ejercicio! Cuando vienen las angustias, no amedrentarnos, sino entrar confiadamente en su angostura. Angustia y angostura son palabras emparentadas. El temor se resiste a la angustia y por eso queda atrapado en la angostura. Si, en lugar de eso, confiamos, la estrechura de la angustia deviene en conducto de nacimiento para un nuevo comienzo. Haz hoy la prueba con un pequeño motivo de preocupación fácil de solventar. Paulatinamente, puedes ejercitarte, paso a paso, con angustias cada vez mayores.

99

As-Sabr

El Paciente

El dar nombre a Dios comienza, de forma reiterada, en alguno de entre unos relativamente pocos puntos de partida. Podemos ver esto si repasamos esta relación de 99 invocaciones. Por una parte, hay nombres que clama el corazón cuando barrunta el Gran Misterio; por otra, están los que a todas luces se refieren a especulaciones teológicas. Toda denominación de Dios, empero, ya sea con el entendimiento o con el corazón, se retrotrae en último término a un encuentro con Dios. Este encuentro nos es encomendado como tarea ineludible a nosotros, seres humanos.

No sabemos qué pasa en este sentido con los animales. Pero la afirmación de los beduinos de que solo el camello conoce el centésimo nombre de Allah probablemente se deba a alguien profundamente impresionado por la postura meditativa de estos animales cuando, con sus mansos ojos bajo las largas pestañas, inmóviles, se pierden soñadores en la vastedad del desierto. Pero quizá juegue en esto la corazonada de que también los animales, de manera, eso sí, completamente inimaginable para nosotros, barruntan el Gran Misterio.

En nosotros los humanos, de esa corazonada brota el nombrar. A los nombres rumiados por la teología, pertenecen sin duda denominaciones como el que se tiene solo, el independiente de todos y de cada uno. Pero «es el corazón el que siente a Dios, no el entendimiento». El entendimiento va renqueando por detrás. Por eso, son muchos más los nombres de Dios con los que se señala a cualidades que el corazón admira en las personas y que atribuye a «la maravilla de las maravillas»: la sublimidad regia, la confiabilidad paternal, pero, sobre todo, el amor y la paciencia maternales que todo lo abrazan.

El Paciente probablemente mire estos nombres con una paciente sonrisa, mitad divertida, mitad resignada, como la que recuerdo de mi madre cuando, haciendo una pausa en la labor, se sentaba en la linde de los campos y nos dejaba pacientemente a los niños que le *adornásemos* el pelo con flores y bonitas briznas de hierba. Así, nosotros, amantes como niños, pero también con infantil torpeza, a aquel que por encima de todos los nombres es sublime, sin embargo, le damos nombres, y maternalmente el Paciente lo aguanta e incluso encuentra, tal es nuestra confianza, un gusto en ello.

ÉL deja que se lo contemple en los signos de la escritura

El signo de arriba para el cero en árabe es un punto. Este punto es el inicio de todas las cosas y de todos los signos de la escritura. ¿Es en verdad un punto? ¿No podría significar también una quemadura, un grano, una gota, una miga, un lunar, una piedra preciosa, una hoja, una lágrima o el no? *«Al no-ser lo formó en ser. ¿Quién si no Él podría de la nada hacer el ser?»* (Sa'di, Irán, siglo XIII). Así es como, por el movimiento de un único punto, de esta nada surge todo el ser. Si el punto hace un movimiento descendente, trazando una unión entre cielo y tierra, entonces se forma la primera letra del alfabeto árabe, «alif».

Alif, la primera letra del nombre Allah. El místico Hafis (Irán, siglo XIV) estuvo fascinado por el misterio de esta letra: *«Sobre la tabla de mi corazón no hay escrito más que un*

alif, la figura del amigo. Qué le voy a hacer si mi maestro no me ha enseñado ninguna otra letra». El alif, figura del amigo, se asocia también con un ciprés que camina, un enjuto faquir, un derviche asceta sin vestido o una flecha.

Mediante la extensión horizontal del punto de derecha a izquierda surge la segunda letra del alfabeto, «ba»:

¿Acaso no es esta letra una postración del servidor de Dios ante el alif al comienzo de «Allah»? La unión del alif vertical con el ba horizontal da como resultado el antiquísimo simbolismo de la cruz. Dios deja que se lo contemple en los signos de la escritura. El punto diacrítico bajo la letra *ba* es visto a veces como el más bello nombre de Dios. La caligrafía deviene en arte divina y en expresión de la divina belleza.

«*Dios es bello y ama la belleza*» (tradición del Profeta). Llevaría demasiado lejos representar todas las letras en consideración de su forma exterior. El calígrafo se sirve de estas características externas, une y varía las letras de tal manera que los trazos gráficos parezcan imágenes, sin poner en primer plano la cualidad de imagen. La caligrafía es una imagen carente de imagen, una música callada. En verdad, la caligrafía forma un puente entre la mano y el corazón. Es «*el lenguaje de la mano y la alegría del corazón*»

(Ali Ibn Abi Talib, siglo VII). Esta unión debe ser animada por la fuente del espíritu, por el flujo espiritual.

La mutua relación entre mano, corazón y cerebro confiere a la caligrafía el puesto de valor más alto en el conjunto de las artes islámicas. Ha surgido de la necesidad de establecer una mediación artística entre saber y sabiduría sacros y profanos. Su basamento teórico proviene de la matemática, la filosofía y la cosmología védicas. La caligrafía es una ciencia rigurosa que es considerada como «la mitad de la sabiduría». El misterio de las letras, empero, es preservado: «*¿No son los propios seres humanos letras misteriosas que en el cielo esperan a su aparición en este mundo para, en cierto modo, colaborar en el inmenso libro del universo?*», pregunta el místico Ibn Arabi (España, siglo XII).

Así, cuando hace dos años mi amigo el hermano David me pidió dar forma caligráfica a 99 nombres de Dios, acepté espontáneamente con gran alegría. Enseguida surgieron en mí dos recuerdos, uno de la infancia y otro de la época de estudiante. De chico estaba interesado en conocer los más bellos y más grandes nombres de Dios. Quizá podría penetrar entonces los misterios de la vida o incluso transformar el cobre de mi ser en oro: alquimia de la dicha. Mi padre intentaba explicarme con paciencia que aquí hay incontables denominaciones, en un tratado hasta 999 nombres de Dios. Solo en el Corán se encuentran ya 84 nombres. Muchos místicos se conforman con el sencillo apelativo «Hu», esto es, «Él». Sus nombres son unidad en la multiplicidad.

El segundo recuerdo pertenece a mi época de estudiante, cuando me ocupé con el místico Najm al-din Kubra (Irán, siglo XIII). Un enjambre de alumnos acudió ante el gran maestro para recibir el más bello nombre de Dios. El maestro sostenía a su nieto en el regazo y jugaba con él. Mientras los alumnos, impacientes por recibir la añorada respuesta, casi lo acosaban, el maestro levantó al niño y le dijo sonriendo: «Lo más grande eres tú, lo más bello eres tú». En la belleza de una mariposa, en la sonrisa de un niño, en el silencio de las montañas: todo el cosmos canta por Él. Todo es signo de Dios. El místico Bayazid Bistami (Irán, siglo x) dice acertadamente: *«Durante treinta años nombré el nombre divino. Cuando callé, reconocí que la pared que me separaba de Él era mi encuentro».*

Para el presente libro he realizado las caligrafías de 99 nombres de Dios y de la denominación «Allah» en colores distintos y en tres rasgos, a saber, en *tholth, nastaliq* y *shekasteh,* esto es, en estilo de escritura redondo, colgante y quebrado. Que la belleza y la unidad de Dios puedan ser contempladas en ellas. Quisiera concluir con un verso del gran mogol, místico, poeta y calígrafo Dara Shikoh (India, siglo XVII): *«En el nombre de Aquel que no tiene nombre, tal como le llames, así Él se te aparecerá».*

Shams Anwari-Alhosseyni

Índice de los poemas citados

Los números remiten al correspondiente nombre de Dios.

1. Matthias Claudius (1740-1815), «Täglich zu singen», *Der Wandsbecker Bote* 121.
5. Joseph von Eichendorff (1788-1857), «Der Pilger».
6. Benjamin Schmolck (1672-1737), «Amen!, Amen! lauter Amen», 1723.
12. Angelus Silesius (1624-1677), «Die Gottheit ist ein Nichts», *Cherubinischer Wandersmann* 111.
15. Rainer Maria Rilke (1875-1926), «Herbst», 11-9-1902.
17. Matthias Claudius, «Täglich zu singen», *op. cit.*
24. Friedrich Nietzsche (1844-1900), «Dem unbekannten Gott» («Al dios desconocido»), septiembre de 1864.
25. Rainer Maria Rilke, *Duineser Elegien,* Die erste Elegie, enero de 1912 [vers. cast.: *Elegías de Duino. Los sonetos a Orfeo,* trad. de Eustaquio Barjau, Madrid, Cátedra, 1987, p. 61].
37. Rainer Maria Rilke, *Das Stundenbuch. Das Buch vom mönchischen Leben,* 1899.
54. Rainer Maria Rilke, *Die Sonette an Orpheus,* zweiter Teil, XXIII, 1922 [vers. cast.: *Elegías de Duino. Los sonetos a Orfeo, op. cit.*, p. 200].
58. Rainer Maria Rilke, *Die Sonette an Orpheus,* erster Teil, XII, *op. cit.* [vers. cast.: *Elegías de Duino. Los sonetos a Orfeo, op. cit.*, p. 145].

66. Rainer Maria Rilke, *Die Sonette an Orpheus*, zweiter Teil, XV, *op. cit.* [vers. cast.: *Elegías de Duino. Los sonetos a Orfeo, op. cit.*, p. 187].
68. Gerhard Tersteegen (1697-1769), «Gott ist gegenwärtig», 1729.
69. Joachim Neander (1650-1680), «Lobe den Herren, den mächtigen König der Ehren», 1680.
70. Georg Neumark (1621-1681), «Wer nur den lieben Gott last walten», hacia 1641.
73. Matthias Claudius, «Die Liebe hemmet nichts», 1798.
74. Rainer Maria Rilke, *Das Stundenbuch. Das Buch vom mönchischen Leben, op. cit.*
74. Rainer Maria Rilke, *Die Sonette an Orpheus*, zweiter Teil, XXV, *op. cit.* [vers. cast.: *Elegías de Duino. Los sonetos a Orfeo, op. cit.*, p. 204].
81. Johann Wolfgang von Goethe (1749-1832), *Wilhelm Meisters Lehrjahre*, «Drittes Lied des Harfners», 1796 [vers. cast.: *Los años de aprendizaje de Wilhelm Meisters*, «Tercera canción del arpista», Madrid, Cátedra, 2000].
86. Conrad Ferdinand Meyer (1825-1898), «Die Füße im Feuer», 1882.
87. Rainer Maria Rilke, *Das Stundenbuch. Das Buch vom mönchischen Leben, op. cit.*
88. Rainer Maria Rilke, *Das Stundenbuch. Das Buch der Pilgerschaft*, 1901.
88. Rainer Maria Rilke, *Das Stundenbuch. Das Buch der Pilgerschaft, op. cit.*
89. Rainer Maria Rilke, *Das Stundenbuch. Das Buch von der Armut und vom Tode*, 1903.
90. Rainer Maria Rilke, *Das Stundenbuch. Das Buch vom mönchischen Leben, op. cit.*

90. Nikolaus Lenau (1802-1850), «Weil' auf mir, du dunkles Auge».
91. Rainer Maria Rilke, *Die Sonette an Orpheus,* zweiter Teil, XXI, *op. cit.* [vers. cast.: *Elegías de Duino. Los sonetos a Orfeo, op. cit.*, pp. 195 s.].
94. Rainer Maria Rilke, «Aus dem Nachlass, Vollendetes», 1925.
95. Rainer Maria Rilke, *Das Stundenbuch. Das Buch vom mönchischen Leben, op. cit.*
95. Rainer Maria Rilke, «Aus dem Nachlass, Widmungen, Für Fräulein Marga Wertheimer», 1924.
96. Rainer Maria Rilke, *Die Sonette an Orpheus,* zweiter Teil, XXIII, *op. cit.* [vers. cast.: *Elegías de Duino. Los sonetos a Orfeo, op. cit.*, p. 200].
96. Rainer Maria Rilke, *Die Sonette an Orpheus,* erster Teil, XXII, *op. cit.* [vers. cast.: *Elegías de Duino. Los sonetos a Orfeo, op. cit.*, p. 157].
96. Rainer Maria Rilke, *Das Stundenbuch. Das Buch vom mönchischen Leben, op. cit.*
96. Gerhard Tersteegen (1697-1769), «Gott ist gegenwärtig», *op. cit.*
97. Rainer Maria Rilke, *Das Stundenbuch. Das Buch der Pilgerschaft, op. cit.*
97. Rainer Maria Rilke, *Die Sonette an Orpheus,* erster Teil, XIX, *op. cit.* [vers. cast.: *Elegías de Duino. Los sonetos a Orfeo, op. cit.*].
97. Eduard Mörike (1804-1875), *Gedichte,* 1838.

Índice

El orden de las entradas se rige por la inicial del sustantivo o del verbo destacados en cada nombre de Dios. Las cifras indican el número de orden de cada nombre.

David Steindl-Rast nació en 1926 en Viena y cursó estudios en la Academia de Bellas Artes y en la Universidad de Viena. Después de doctorarse en Psicología y Antropología, trasladó su residencia a Estados Unidos, donde, desde 1953, pertenece al monasterio benedictino de Mount Saviour, en el estado de Nueva York. Fue cofundador del Center for Spiritual Studies, de carácter interreligioso, y desde 1966 está comprometido en el diálogo interreligioso.

Shams Anwari-Alhosseyni nació en 1937 en Teherán. En 1956, aprobó el examen de maestría como primer calígrafo en la Academia de Bellas Artes de Teherán con la obtención de la *venia docendi*. En 1958, emprendió estudios de Medicina, Ciencias Orientales, Etnología y Musicología, en la Universidad de Colonia, obteniendo en 1985 el doctorado en las tres primeras disciplinas. Desde 1974, es profesor de Lengua y Literatura Persa y Caligrafía islámica en la Universidad de Colonia, y en 1997 fue elegido miembro ordinario de la Academia Europea de Ciencias y Artes. Ha realizado numerosas exposiciones tanto en Alemania como en otros países.